浙江省哲学社会科学研究基地（浙江省科学发展观与浙江发展研究中心）
规划课题“‘枫桥经验’法治化的实践路径研究”（16JDGH060）成果

“枫桥经验”与基层社会治理法治化

尹华广　著

中国人民公安大学出版社
·北　京·

目　录

第一章　绪论 ………………………………………………………… 1
第一节　研究对象与选题的意义 ……………………………… 1
一、研究对象 ………………………………………………… 1
二、选题的意义 ……………………………………………… 2
第二节　研究述评 ……………………………………………… 3
一、关于“枫桥经验”的基础理论研究 …………………… 3
二、“枫桥经验”与法治相关领域的研究 ………………… 5
三、“枫桥经验”（法治化）研究的特点、不足及完善建议 ………………………………………………… 14
第三节　研究思路、方法与创新 ……………………………… 17
一、研究的基本思路 ………………………………………… 17
二、研究的基本方法 ………………………………………… 19
三、本研究可能的创新 ……………………………………… 20

第一编 理论编

第二章 “枫桥经验”走上基层社会治理法治化的历程 …… 25
第一节 “枫桥经验”的产生 …… 26
一、产生的历史背景 …… 26
二、产生的过程与主要内容 …… 26
第二节 “枫桥经验”的推广 …… 30
一、推广的状况 …… 30
二、推广阶段的具体经验 …… 30
第三节 “枫桥经验”的发展 …… 32
一、发展阶段的历史背景 …… 32
二、发展阶段的具体实践 …… 33
第四节 “枫桥经验”的创新 …… 36
一、创新阶段的历史背景 …… 36
二、创新阶段的主要内容 …… 38
三、新时代“枫桥经验”成为推进基层社会治理法治化的典型经验 …… 39

第三章 法的“大传统”与“小传统”相互结合视角下的“枫桥经验” …… 40
第一节 几个前提性问题的界定、论证或说明 …… 41
一、“枫桥经验”是法，是法的“大传统”与“小传统”相结合的产物 …… 41
二、何谓法的“大传统”与“小传统” …… 44

三、国家级重要报纸代表了法的“大传统”、地方级重要报纸代表了法的“小传统” …………………… 45
第二节 实证研究的方式与内容 …………………………… 48
一、实证研究方式 ……………………………………… 48
二、实证研究内容 ……………………………………… 48
第三节 分析结论及进一步的思考 ……………………… 51

第四章 “枫桥经验”与“地方性知识”视角下的农村法治发展 ………………………………………… 53

第一节 两种地方性知识理论综述 ……………………… 54
一、克利福德·吉尔兹的地方性知识理论 ………… 54
二、劳斯的地方性知识理论 …………………………… 56
第二节 克利福德·吉尔兹地方性知识理论视角下的“枫桥经验”解释 ……………………………… 57
一、“枫桥经验”的地域性 ……………………………… 58
二、“枫桥经验”的民间性 ……………………………… 61
第三节 劳斯地方性知识理论视角下的“枫桥经验”分析 ………………………………………… 63
一、“枫桥经验”产生、发展的时代背景 ……………… 64
二、“枫桥经验”的内在逻辑与精神实质 ……………… 66
第四节 “枫桥经验”:“地方性知识”视角下的农村法治发展 ………………………………………… 68
一、研究农村法治发展的重要性 ……………………… 70
二、“地方性知识”与农村法治的关系 ………………… 71
三、“地方性知识”视角下的“枫桥经验”中的农村法治发展 ……………………………………………… 72

四、充分尊重和运用“地方性知识”，创新“枫桥经验”，
促进农村法治发展 ………………………………… 78

第二编 主体编

第五章 “枫桥式公安派出所” ………………………… 85

第一节 全国首批100个“枫桥式公安派出所” ………… 85
第二节 枫桥派出所历史沿革 ………………………… 88
第三节 枫桥派出所的探索创新 ……………………… 91
一、继承传统，夯实基层基础 ……………………… 91
二、积极探索，创新群众警务 ……………………… 93
第四节 “枫桥式”现代警务模式的创建 ……………… 97
一、坚定第一目标，把握新时代人民满意新定位 ……… 97
二、确立两大理念，构建民意导向警务新模式 ……… 98
三、围绕三项重点，增强创建平安和谐新能力 ……… 99
四、打造四个基地，激发基层社会治理新活力 ……… 99
五、实施新五小工程，满足服务群众新需求 ………… 100
六、建立六大机制，促进基层警务能力新提升 ……… 101

第六章 “枫桥式人民法庭” ………………………… 103

第一节 枫桥人民法庭的历史沿革 ………………… 103
第二节 枫桥人民法庭坚持的民本司法理念 ………… 106
一、始终树立一个意识，即树立群众观点强化
服务意识 ………………………………………… 106
二、始终把握两个方面，坚持内部挖潜、外部借力 …… 109

三、始终坚持以人为本，注重能力、质效和效果“三提升” …… 112
第三节 “枫桥式人民法庭”的主要内容 …… 114
一、庭内庭外八站点，构建便民服务中心 …… 114
二、诉前诉后四机制，拓展矛盾化解渠道 …… 117
三、案内案外五方法，创新纠纷调处路径 …… 118

第七章 “枫桥式派驻检察室” …… 121

第一节 枫桥派驻检察室概况 …… 121
第二节 枫桥派驻检察室的工作实践 …… 122
一、加强基层执法监督 …… 122
二、办理轻微刑事案件，建立化解矛盾工作机制 …… 124
三、服务基层社会治理 …… 124
四、开展派驻公安派出所检察工作 …… 125
五、开展社区矫正执法监督 …… 126
六、积极开展法律宣传，提升群众法治素质 …… 127

第八章 “枫桥式司法所” …… 129

第一节 枫桥司法所概况 …… 129
第二节 枫桥司法所的制度建设 …… 131
一、所务管理规范化 …… 131
二、工作程序标准化 …… 133
三、目标管理责任化 …… 135
四、档案管理格式化 …… 136
第三节 枫桥司法所业务工作制度化 …… 136
一、人民调解制度化 …… 136
二、社区矫正工作制度化 …… 139

三、安置帮教制度化 …………………………………… 141
四、普法、依法治理工作制度化 ………………………… 143
第四节 枫桥司法所职能的发挥 ………………………… 144
一、以“大普法”为工作核心，全力营造社会法治氛围 …………………………………………… 145
二、以“大调解”为工作重点，全力化解社会矛盾纠纷 …………………………………………… 145
三、以“大帮教”为工作抓手，全力推进特殊人群管理 ……………………………………… 147
四、以“大服务”为工作目标，全力服务社会经济发展 ……………………………………… 148

第三编 实践编

第九章 “枫桥经验”法治化的实践路径 ……………… 153
第一节 “枫桥经验”与法治的关系 ……………………… 154
一、法治化是“枫桥经验”创新发展的必由之路 ……… 154
二、“枫桥经验”推进了基层社会治理法治化 ………… 155
第二节 “枫桥经验”法治化的实践 ……………………… 156
一、实行法律专业人员下基层 …………………………… 156
二、基层政法部门积极参与地方基层社会治理 ………… 157
三、专业性调解委员会探索推广调解法治化 …………… 158
四、以乡规民约促进基层治理的法治化 ………………… 160
第三节 “枫桥经验”法治化实践路径的理论总结 ……… 161
一、坚持群众路线与法治思维、法治方式相结合 ……… 161

二、坚持专群相结合 …………………………………… 162
三、坚持法律与道德相结合 ………………………… 163

第十章 “枫桥经验”与调解 ………………………… 164

第一节 “稳——维稳”取向的大调解模式 ………… 164
一、大调解模式概述：以“权——维权”模式为参照 … 165
二、“稳”：大调解模式追求的价值目标 ………………… 166
三、“维稳”：大调解模式体现的路径方法 ……………… 169
第二节 “枫桥经验”：以“大调解”推进基层社会治理创新的实践与启示 ………………………………… 172
一、“大调解”与基层社会治理创新的关系 …………… 173
二、“枫桥经验”以“大调解”推进基层社会治理创新的实践 ……………………………………………… 175
三、“枫桥经验”以“大调解”推进基层社会治理创新的启示 ……………………………………………… 181
第三节 “枫桥经验”与调解法治化 ………………… 184
一、调解法治化及其功能 ……………………………… 185
二、“枫桥经验”中的调解法治化：以诸暨市三大专业调解委员会的实践为研究对象 ……………………… 188
三、“枫桥经验”对我国转型期推进调解法治化的启示 ……………………………………………… 194

第十一章 “枫桥经验”与基层社会纠纷多元化解决机制 …… 197

第一节 转型期基层矛盾概况及多元化解决机制的基本理论 ……………………………………………… 198
一、转型期基层矛盾的概况 …………………………… 198
二、矛盾多元化解决机制的基本理论 ………………… 200

第二节 "枫桥经验"探索基层矛盾多元化解决机制的实践 …… 202
一、狭义的"枫桥经验"：基层矛盾多元化解决机制的典范 …… 202
二、广义的"枫桥经验"：基层矛盾多元化解决机制的新探索 …… 204
第三节 "枫桥经验"对基层矛盾多元化解决机制的启示 …… 206
一、突出法律在基层矛盾多元化解决机制中的主导性作用 …… 206
二、突出党委、政府在基层矛盾多元化解决机制中的领导作用 …… 207
三、突出良好工作机制在基层矛盾多元化解决机制中的基础作用 …… 208

第十二章 "枫桥经验"与基层党建法治化 …… 210

第一节 基层党建法治化的内涵与价值 …… 210
一、基层党建法治化的科学内涵 …… 210
二、基层党建法治化的时代价值 …… 212
第二节 "枫桥经验"推进基层党建法治化的路径 …… 213
一、创新实施"三上三下"民主决策机制 …… 213
二、全面推行民情通网下标准化建设 …… 214
三、严格落实"党建责任清单20条""村干部'四不'公开承诺" …… 215
四、按产业划分党小组，加强法律知识学习，提升党员法律素养 …… 216

五、组建由党员骨干组成的信访接待室、人民调解室、护村队，积极参与村里的群防群治工作 …………… 216
第三节 农村党员四色榜单亮分制度 ………………… 217
一、“四色榜单”亮分制度的主要内容 ……………… 218
二、“四色榜单”亮分制度的创新意义 ……………… 222
三、“四色榜单”亮分制度的经验启示 ……………… 226

附录

附录一 枫桥公安派出所参观点简介 …………………… 229
附录二 枫桥派出所社区民警年度责任清单 ……………… 233
附录三 枫桥派出所社区警务“十访十清”活动实施意见 ………………………………………… 235
附录四 相关法律、文件对“枫桥经验”法治化的规定 ………………………………………… 241

参考文献 ……………………………………………………… 250

第一章

绪　论

第一节　研究对象与选题的意义

一、研究对象

本书的研究对象是“枫桥经验”与基层社会治理法治化，它主要包括三大方面的内容：

一是从理论方面对法治视野下的“枫桥经验”进行研究，主要研究“枫桥经验”走上基层社会治理法治化的历程。

二是对“枫桥经验”法治化的主要主体，即“枫桥式公安派出所”“枫桥式人民法庭”“枫桥式派驻检察室”“枫桥式司法所”等进行研究。

三是从实践方面对法治视野下的“枫桥经验”进行研究，主要研究“枫桥经验”法治化的实践路径、“枫桥经验”与调解、

“枫桥经验”与基层社会纠纷多元化解机制、“枫桥经验”与基层党建法治化等内容。

二、选题的意义

党的十八届四中全会通过的《中共中央关于全面推进依法治国若干重大问题的决定》明确提出，“全面推进依法治国，基础在基层，工作重点在基层”。党的十九大报告明确提出，“加强农村基层基础工作，健全自治、法治、德治相结合的乡村治理体系。”“加强社会治理制度建设，完善党委领导、政府负责、社会协同、公众参与、法治保障的社会治理体制，提高社会治理社会化、法治化、智能化、专业化水平。”这说明基层法治建设与基层治理法治化在全面推进依法治国、“法治中国”建设中有着极其重要的地位。

“枫桥经验”是一个基层社会治理的经验，基层社会治理的法治化是“枫桥经验”的重要内容。“枫桥经验”是一个与时俱进的经验，随着我国朝着基层治理现代化迈进，进入基层社会治理创新阶段，法治视角下的“枫桥经验”是“法治中国”基层基础建设的重要表现，是“法治中国”建设的重要载体。

同时，“枫桥经验”具有真正的中国性，是典型的中国特色社会主义性质的经验。从法治角度探讨该经验的本质因素，对促进中国基层法治发展，走中国自己的道路有重大意义，对建设有中国特色社会主义法治有重大启示。

所以，我们从法治的视角对作为基层社会治理典范的“枫桥经验”进行研究，研究“枫桥经验”与基层社会治理法治化具有重大的理论意义与实践意义。

第二节　研究述评[①]

学界对“枫桥经验”已从多个视角展开了全方位的研究。根据研究旨趣，本书主要从“枫桥经验”的基础理论研究，“枫桥经验”与法治相关领域的关系研究，“枫桥经验”（法治化）研究的特点、不足及完善建议三个方面进行研究综述。

一、关于“枫桥经验”的基础理论研究

（一）“枫桥经验”的概念

到目前为止，“枫桥经验”没有公认的、统一的概念。学术界从不同角度对“枫桥经验”提出了不同的定义：从内涵理解的角度而言，提出了“活法说”[②]“经验说”[③]“模式说”[④]等学说；从“枫桥经验”发展历程的角度而言，提出了“枫桥经验”“新枫桥经验”“新时代枫桥经验”等不同概念，并认为“枫桥经验”具有社会管制的特征，“新枫桥经验”具有社会管理的特征，

---

① 本部分内容曾发表，收入本书时有修改。参见尹华广：《“枫桥经验”55年研究综述》，载何云伟、杨宏翔、罗新阳等编著：《2019年绍兴发展研究报告》，国家行政学院出版社2019年版，第183~193页。

② 张景华：《论推进“枫桥经验”的法治化》，载《公安学刊》2008年第6期。

③ 马永定、戴大新：《“枫桥经验”的创新与发展研究——五年来绍兴市坚持发展“枫桥经验”的实践与思考》，载《绍兴文理学院学报（哲学社会科学）》2013年第6期。

④ 孙娟：《政府公共关系视角下的“枫桥经验”管理创新》，载《公安学刊》2013年第3期。

“新时代枫桥经验”具有社会治理的特征。[①]

（二）“枫桥经验”的发展历程

从1963年到现在，以经验的具体内容为划分依据，“枫桥经验”经历了诞生、推广、发展、创新四个不同的阶段。[②] 以经验产生的历史背景和经验所具有的特征为划分依据，“枫桥经验”经历了社会管制、社会管理、社会治理三个不同的阶段。“枫桥经验”诞生阶段的“改造‘四类分子’”、推广阶段的“就地改造流窜犯”、“帮教失足青少年与一般违法人员”、“为‘四类分子’评审摘帽”都是社会管制阶段的经验，发展阶段的“社会治安综合治理的典范”是社会管理阶段的经验，创新阶段的“推进基层社会治理现代化”则属于社会治理阶段的经验。

（三）“枫桥经验”的核心要素

“枫桥经验”是一个预防与化解社会矛盾的经验，是一个始终围绕党和国家中心任务、顺应时代发展的经验，是一个动态发展的经验。从精神实质的角度来看，“枫桥经验”始终凸显以人为本的理念，[③] 坚持群众路线、[④] 坚持实事求是、与时俱进。“新时代枫桥经验”由党建统领、人民主体、自治法治德治“三治”

① 中国法学会“枫桥经验”理论总结和经验提升课题组著：《“枫桥经验”的理论构建》，法律出版社2018年版，第18页。

② 史济锡：《创新“枫桥经验” 推进法治建设 构建和谐社会》，载《政策瞭望》2006年第9期。

③ 金伯中：《论“枫桥经验”的时代特征和人本思想》，载《公安学刊》2004年第5期。

④ 马永定、戴大新：《“枫桥经验”与党的群众路线契合研究》，载《党政视野》2015年第1期。

结合、共建共治共享、平安和谐五大核心要素组成。[①]

二、“枫桥经验”与法治相关领域的研究

(一)“枫桥经验”与基层社会治理的研究

“枫桥经验”是中国基层社会治理的典范，实现了基层社会治理的社会化、法治化、智能化、专业化，是推进基层社会治理现代化的方向，也是新时代“枫桥经验”创新发展的方向。

从社会化的视角来看，新乡贤参与基层社会治理既是新时代“枫桥经验”的创新，也是基层善治体系的创新。[②] 从法治化的视角来看，“枫桥经验”完善了三个层面的治理制度体系：中央立法治理制度体系、地方立法治理制度体系与社会规范治理制度体系。它既有自上而下的基层社会制度供给状态，也有自下而上的基层社会制度供给状态，而且实现了两种状态的结合。这样，从制度资源的视角来看，“枫桥经验”给基层社会治理现代化提供了充足的保障。[③] 新时代“枫桥经验”在实践中的新特色之一，就是充分发挥法治的作用，以法治的方式进行基层社会治理创新，推进基层社会治理的现代化。[④] 从智能化的视角来看，推进“雪亮工程”、“智慧大脑”建设、创新建立微邻里促进社会治理、建设智慧法院新生态等都是“枫桥经验”智能化在基层社会治理

---

① 张文显:《新时代“枫桥经验”的理论命题》，载《法制与社会发展》2018年第6期。

② 王斌通:《新时代“枫桥经验”与基层善治体系创新——以新乡贤参与治理为视角》，载《国家行政学院学报》2018年第4期。

③ 汪世荣:《“枫桥经验”视野下的基层社会治理制度供给研究》，载《中国法学》2018年第6期。

④ 李霞:《新时代“枫桥经验”的新实践：充分发挥法治在基层社会治理中的作用》，载《法学杂志》2019年第1期。

中的新实践。[①] 从专业化的视角来看，标准化是新时代“枫桥经验”推进基层社会治理现代化的重要方面。目前，在标准化方面的创新性主要包括三个方面：利用标准化进行精细化治理，把智能化与标准化结合起来，以标准化来规范乡村自治。[②]

（二）“枫桥经验”与法治的研究

学界从不同视角对“枫桥经验”与法治的关系进行了较为全面的研究。有学者认为，“枫桥经验”是与国家制定法即“硬法”相对应的民间法即“软法”；[③] 有学者认为，“枫桥经验”是一种具有中国特色的法治生成模式；[④] 还有学者认为，在新时期创新发展“枫桥经验”，应该坚持群众路线法治化，[⑤] 坚持群众路线与法治思维相融合。[⑥]“枫桥经验”的创新发展丰富了“法治浙江”建设的内涵。[⑦]

一些学者从理论的角度研究了“枫桥经验”中的法治化实践，认为加快法治建设，弘扬法治精神，树立依法治理理念，依

---

① 张昊：《2018 政法智能化建设研讨会政法单位代表发言摘登》，载《法制日报》2018 年 7 月 28 日。

② 褚宸舸：《基层社会治理的标准化研究——以“枫桥经验”为例》，载《法学杂志》2019 年第 1 期。

③ 韩永红：《本土资源与民间法的生成——基于“枫桥经验”的实证分析》，载《中共浙江省委党校学报》2008 年第 4 期。

④ 谌洪果：《“枫桥经验”与中国特色的法治生成模式》，载《法律科学（西北政法大学学报）》2009 年第 1 期。

⑤ 周望：《“枫桥经验”与群众路线法治化》，载《中国浦东干部学院学报》2014 年第 4 期。

⑥ 孙会岩：《群众路线与法治思维的融合——“枫桥经验”再探讨》，载《党政论坛》2014 年第 1 期。

⑦ 许韬：《论“枫桥经验”的创新发展与“法治浙江”建设》，载《公安学刊》2009 年第 1 期。

法解决矛盾，完善长效机制，是推进“枫桥经验”法治化的有效路径。[①] 也有学者在其各自的研究中，直接或间接地涉及“枫桥经验”法治化的研究，主要包括以下内容：

1. 调解的研究

党的十一届三中全会以来，“枫桥经验”的主要内容便已成为以调解为主的社会综合管理经验。由此，在用“枫桥经验”解决矛盾和纠纷的过程中，调解成为解决矛盾和纠纷的主导方式，司法裁判已成为解决冲突和纠纷的最终途径。对此，学者们从不同视角对“枫桥经验”与调解的关系开展了研究。

（1）调解主体的研究。在“枫桥经验”中，一般的矛盾和纠纷可以通过调解组织的调解得到解决。“枫桥经验”在矛盾纠纷的分类解决中，优先适用调解方式解决民间纠纷。在调解组织内部，根据具体的矛盾纠纷对象、性质、影响、发展演化的情况，分别由不同的调解组织进行调处。矛盾调处坚持“谁主管，谁负责”，并坚持化解矛盾自下而上的原则。对当事人一方或双方要求调解的纠纷，调解人员主动发现可能激化的纠纷，有关部门移送的纠纷，调委会应当受理调处。各村辖区内发生的民间纠纷由该村调委会受理；跨村的民间纠纷由调委会协商后共同组织调解，并确定一个调委会主持调解，共同调处有困难的可以移送该村所在办事处；跨办事处的纠纷可以移送司法所牵头调处。通过“部门协同”“镇村联动”等形式，充分发挥各类调解组织之间的相互配合作用。因此，有学者将调解队伍建设、专业性调解组织

① 马永定、戴大新：《“枫桥经验”法治化路径研究——以绍兴市坚持发展“枫桥经验”为例》，载《公安学刊》2014 年第 6 期。

的发展及多元主体参与调解称为“枫桥经验”的精髓。①

（2）调解机制的研究。“枫桥经验”创造的“四前工作法”，“四先四早工作机制”，“矛盾纠纷的劝导调解机制”，“三级调解组织的联动机制”，矛盾纠纷调处中的“六优先”原则，“调解与审判的联动机制”，调解工作中的“四统一”“六个心”要求和“案件审理与矛盾纠纷预防并重的机制”，在有效预防矛盾纠纷发生、防止矛盾纠纷激化、维护农村社会稳定和发展等方面，发挥了重要作用。对此，学者们从不同方面进行了较为全面深入的研究，有的对“枫桥经验”中的诉调对接机制进行了研究，②有的对“枫桥经验”中的“镇村联动式”调解模式进行了研究，③有的对“枫桥经验”中的大调解进行了研究。④

（3）调解效果的研究。民间纠纷的调处解决，一是有利于节约时间，缩短纠纷从发生到化解的过程，防止轻微纠纷向严重矛盾的转化、民事纠纷向刑事犯罪的转化，有助于实现民间纠纷的合理彻底解决，实现纠纷解决中法律效果和社会效果的统一。⑤二是有利于基层群众自我管理、自我教育、自我服务，促进基层社会的发育和发展以及节约司法资源，减小社会运行的成本。通

---

① 王秋杰、刘子川：《“枫桥经验”语境下大调解机制的完善》，载《广州市公安管理干部学院学报》2013年第2期。

② 中共绍兴市委党校、绍兴市“枫桥经验”研究会编：《“枫桥经验”与新城镇社会管理创新研究》，中国社会科学出版社2013年版，第74～76页。

③ 余钊飞、谢绍华：《“镇村联动式”调解模式研究——以浙江省诸暨市枫桥镇的实践为例》，载《法制与社会》2009年第31期。

④ 王秋杰、刘子川：《“枫桥经验”语境下大调解机制的完善》，载《广州市公安管理干部学院学报》2013年第2期。

⑤ 郭星华、任建通：《基层纠纷社会治理的探索——从“枫桥经验”引发的思考》，载《山东社会科学》2005年第1期。

过调解解决矛盾纠纷，也符合民间纠纷自身的特点。[①]

（4）调解法治化的研究。调解的成功经验已是“枫桥经验”的核心内容。[②] 新时期，“枫桥经验”在法治化的实践中，出现了调解法治化的倾向。[③] 一些著作、[④] 硕士论文、[⑤] 学术杂志[⑥]以及

---

① 祁雪瑞：《纠纷解决机制：民间法与人民调解及枫桥经验》，载《民间法》2014 年第 2 期。

② 赵义著：《枫桥经验：中国农村治理样板》，浙江人民出版社 2008 年版，第 78~91 页。

③ 王银胜：《推进调解法治化“枫桥经验”谱新篇——诸暨法院发展创新“枫桥经验”的探索与实践》，载《人民法院报》2004 年 6 月 11 日。

④ 汪世荣主编：《“枫桥经验”：基层社会治理的实践》，法律出版社 2018 年版，第 176~205 页；赵义著：《枫桥经验：中国农村治理样板》，浙江人民出版社 2008 年版，第 163~177 页。

⑤ 孟钧：《农村基层社会矛盾的调解模式及创新研究——以“枫桥经验”的演进为考察个案》，华东政法大学 2011 年硕士毕业论文；张祖明：《论浙江枫桥民间调解及其启示》，浙江工业大学 2013 年硕士毕业论文。

⑥ 戴雨薇：《“枫桥经验”与中国特色法治模式关系探讨》，载《公安学刊》2013 年第 3 期；王秋杰、刘子川：《“枫桥经验”语境下大调解机制的完善》，载《广州市公安管理干部学院学报》2013 年第 2 期。

国家级重要报纸，如《人民日报》[①]《法制日报》[②]《人民法院报》[③]，均对“枫桥经验”及其法治化进行了研究或报道。对“枫桥经验”调解研究主要集中在调解主体、类型、机制、方法技巧、效果等方面；对“枫桥经验”调解法治化的研究，主要集中在人民调解法治化、调解手段法治化、诉调对接等方面。

2. 乡规民约的研究

党的十八届四中全会提出，要充分发挥乡规民约在基层治理中的积极作用。范忠信认为，乡规民约是浙江法治型新农村建设的重要方面，是“枫桥经验”在新时期的创新；马永双认为，乡规民约是浙江基层法治建设的基础；余灵君认为，制定乡规民约时，应体现法治思维、法治方式与法治精神；何子儋认为，制定乡规民约时，应在程序上进一步规范；李建华认为，制定乡规民约时，应发挥群众主体作用；关笑丹认为，制定乡规民约时，应兼顾地域性与时代性。[④] 另有学者对浙江具体的乡规民约，如

---

① 张晓冬：《枫桥经验注重创新和源头预防》，载《人民日报》2011年4月23日。

② 徐强：《大调解：“枫桥经验”老兵新传》，载《法制日报》2012年9月13日；李建平、郑锐：《浙江 抓基层打基础发扬枫桥经验 化矛盾解纠纷完善制度构建》，载《法制日报》2005年3月8日。

③ 何兵：《从“枫桥经验”谈诉讼与调解的互动》，载《人民法院报》2003年12月8日；徐东良：《绍兴中院：夯实司法为民之基》，载《人民法院报》2004年11月26日；余建华、孟焕良、李晖：《诉前劝导 指导调解 案后回访——“枫桥经验”在诸暨法院的新发展》，载《人民法院报》2013年10月12日；王银胜：《推进调解法治化“枫桥经验”谱新篇——诸暨法院发展创新“枫桥经验”的探索与实践》，载《人民法院报》2004年6月11日。

④ 孔令泉、傅暨安：《浙江省法学会专题研讨村规民约》，载《民主与法制时报》2015年4月4日。

“乡村典章”[1]、“八郑规程”[2] 等进行了详细研究。

在法治与乡规民约的关系方面，有从农村法治建设视角进行研究的，[3] 有从法治现代化进程视角进行研究的，[4] 有从非正式法律制度视角进行研究的。[5] 在基层治理与乡规民约方面，有从农村社会治理视角进行研究的，[6] 有从少数民族地区的实践视角进行研究的，[7] 还有从其他方面进行研究的。

（三）“枫桥经验”与农村基层党建的研究

1. “农村基层党建”研究

对于新时期加强农村基层党建，学界有许多观点，可从为什么要加强和如何加强进行分类。关于新时期为什么要加强农村基层党建，有代表性的观点是以下两种：第一种观点认为，乡村治权弱化倒逼党建为其服务。[8] 2000 年左右是中国农村矛盾最多、干群关系最紧张的时候，为了解决这种矛盾与紧张，中央于 2003

---

① 王国勤：《基层治理中制度创新的制度化——以浙江新昌儒岙镇石磁村的实践为例》，载《浙江学刊》2010 年第 3 期。

② 祝丽生：《现代乡村社会治理结构及运行机制研究——以嵊州八郑规程为例》，载《社科纵横》2012 年第 10 期。

③ 李敏莉：《农村法治建设中的乡规民约》，广东商学院 2010 年硕士毕业论文。

④ 马婧：《探析法治现代化进程中乡规民约的价值》，江西师范大学 2010 年硕士毕业论文。

⑤ 朱静晶：《清代非正式法律制度之乡规民约探析》，湘潭大学 2013 年硕士毕业论文。

⑥ 卞辉：《农村社会治理中的现代乡规民约研究》，西北农林科技大学 2014 年博士毕业论文。

⑦ 文新宇：《苗族习惯法的遗留、演变》，载《贵州民族学院学报（哲学社会科学版）》2008 年第 2 期。

⑧ 魏小换、吴长春：《农村基层党建：现存问题与运作机制》，载《理论视野》2014 年第 2 期。

年进行了税费改革、2005 年进行了新农村建设、2006 年废除了农业税。随之而来的是农村合并行政村，撤乡并镇，部分农村出现了乡镇政权“悬浮”的现象。[①] 甚至在一些农村出现了基层贪腐、村匪村霸等丑恶现象。为了改变这种局面，必须加强农村基层党建。第二种观点认为，从实际情况来看，农村基层党建依然是整个党建工作的薄弱环节。[②] 农村基层党建面临一系列困境，如党员队伍整体素质不高、基层党组织设置方式滞后、党组织社会整合功能不强、部分基层党组织软弱涣散等[③]，这些都要求加强农村基层党建。

关于新时期怎样加强农村基层党建。刘云山同志于 2015 年在杭州召开的全国农村基层党建工作座谈会上明确指出，要强化问题导向，抓好责任落实，全面提升农村基层党建工作水平。[④] 对此，要继续抓好服务型政党[⑤]组织建设。对于党的基层组织来说，最好的载体和入手处就是加强基层服务型党组织建设。[⑥] 要继续重视农村社区党建，应以此为契机，创新组织设置方式，整合党的建设资源，加强支持和保障，增强服务功能，完善运行机

---

① 周飞舟：《乡镇政府“空壳化”与政权“悬浮”》，载《中国改革》2007 年第 4 期。

② 仲祖文：《着力解决当前农村基层党建突出问题——四谈学习贯彻全国农村基层党建工作座谈会精神》，载《人民日报》2015 年 6 月 23 日。

③ 崔建平：《农村社区党建：农村基层党建的新路径》，载《科学社会主义》2012 年第 2 期。

④ 隋笑飞、岳德亮：《强化问题导向　抓好责任落实　全面提升农村基层党建工作水平》，载《人民日报》2015 年 6 月 7 日。

⑤ 王长江：《由全能党变成服务型政党》，载《中国改革》2008 年第 11 期。

⑥ 虞云耀：《发挥好基层党组织在基层治理中作用》，载《中国组织人事报》2014 年 11 月 7 日。

制，构建符合农村经济社会发展需要的新型基层党建工作模式，不断巩固党在农村的执政基础。[①] 具体而言，要创新完善农村基层党组织设置，要选择好、使用好、管理好农村基层党组织的主要领导，要严格加强农村党员队伍建设，要使整顿软弱、涣散党组织常态化，要加大基层基础保障力度，要积极推动农村发展、改善民生。[②] 另有学者从传统文化、地方特色、制度创新等多个角度对此进行了探讨。

2. “枫桥经验”与农村基层党建关系研究

“枫桥经验”与农村基层党建关系可供研究的资料中，极具代表性的为中共中央组织部印发的《浙江省农村基层党建工作经验做法》。其中，第 15 条经验是，为规范村干部用权行为，建立村级事务小微权力清单。在村级重大事项决策、招投标事项管理、财务管理、集体资产资源处置等方面，明确村干部权力“边界”，规范运作过程，实施阳光村务，把权力关进“笼子”。在此方面，宁波宁海的“小微权力清单”制度是典范。[③] 浙江绍兴诸暨是“枫桥经验”的发源地。“枫桥经验”在新时期农村基层党建引领乡村治理法治化方面，已创造了不少的经验。[④] 在新时期，

---

① 崔建平：《农村社区党建：农村基层党建的新路径》，载《科学社会主义》2012 年第 2 期。

② 仲祖文：《加强农村基层党建是农村工作的固本之举——谈学习贯彻全国农村基层党建工作座谈会精神》，载《人民日报》2015 年 6 月 19 日。

③ 李人庆：《依法治村如何可能——浙江宁海小微权力清单改革的案例研究》，载《中国发展观察》2014 年第 12 期；褚银良：《“宁海小微权力清单”改革实践与思考》，载《政策瞭望》2015 年第 6 期。

④ 尹华广：《农村基层党建法治化：科学内涵、时代价值与实现路径——以“枫桥经验”的创新发展为例》，载《长春大学学报》2017 年第 11 期。

还有更多的新经验。

三、“枫桥经验”（法治化）研究的特点、不足及完善建议

（一）“枫桥经验”研究的特点

对于“枫桥经验”的研究，呈现出以下明显的特点：

1. 强烈的政治性

“枫桥经验”是一个政治经验，因而在研究过程中，学者们从政治宣传、基层政治经验总结等角度进行的研究居多。而且研究数量与“枫桥经验”的周年纪念活动有密切关联。“枫桥经验”自2003年起，形成了一个逢五、逢十必然要举行大的庆祝活动的惯例；与之相适应，自2003年以后，每到逢五、逢十的“枫桥经验”庆祝活动年，研究“枫桥经验”的文章数量就会明显上升，而在此前后的文章数量明显减少。

2. 明显的地域性

截至目前，对于“枫桥经验”的研究主要是以下几个团队：一是“枫桥经验”发源地绍兴的相关研究机构，如中共绍兴市委党校成立的“枫桥经验”研究所，后改为“枫桥经验”研究中心；绍兴市法学会的“枫桥经验”研究会；诸暨市政法委成立的“枫桥经验”发展研究中心。二是杭州师范大学沈钧儒法学院的“枫桥经验”与法治建设研究中心。三是浙江警察学院成立的浙江警察学院枫桥经验与社会治理研究院。浙江警察学院学报《公安学刊》，已经成为发表“枫桥经验”研究成果的主要刊物。四是西北政法大学团队。在汪世荣教授的带领下，这个团队已经出版了几本专著，发表了一系列论文，其中有些论文产生了较大的影响。五是中国浦东干部学院。该学院虽然研究人数不多，但他们曾经拿下两个关于“枫桥经验”研究的

国家课题。

3. 宽泛的主题性

对于"枫桥经验"的研究，学者们研究的主题非常宽泛。既有主流的基层社会治理、调解、法治、纠纷解决、群众路线、社会治安综合治理、网格化等视角的研究，又有从创造"枫桥经验"的主体，如枫桥镇①、党委政府、公安派出所、法庭、检察室、司法机关进行的研究，还有从毛泽东思想、习近平新时代中国特色社会主义思想相关内容等角度进行的研究。让一般人想不到的是，甚至有学者从电力、档案等角度研究"枫桥经验"，并且类似研究数量不少。

(二)"枫桥经验"研究的不足

在"枫桥经验"研究的上述特点中，其实已经暗含了存在的不足，具体表现为以下几个方面：

1. 政治性研究强，学术性研究弱

目前，学界关于"枫桥经验"政治性的研究，已经有了长足的进步，而对于"枫桥经验"学术性的研究尚显薄弱。究竟以何种范式、何种理论流派、何种学术理论视角来研究"枫桥经验"，可以说还没有真正起步。虽然早就有学者提出，要把"枫桥经验"上升为"枫桥理论"，然后再把"枫桥理论"上升为"枫桥学派"，但到目前为止，"枫桥经验"实际上主要还停留在"经验"研究阶段。"理论"研究虽已起步，但成效并不大，所以还谈不上"学派"的问题。如果要以建立"枫桥学派"为目标，可

① "枫桥镇"现为诸暨市所辖的一个乡镇，是原诸暨县枫桥区的主体部分，是"枫桥经验"的产生地。本书中所用"枫桥"一词，根据时间段，一般指的是枫桥区或枫桥镇，还有一种用法，就是历史文化传承下的枫桥这个地理、历史、文化区域。

以说任重而道远。

2. 研究力量的多元化不够

“枫桥经验”“新时代‘枫桥经验’”已经写进了党的十九届四中全会的《中共中央关于坚持和完善中国特色社会主义制度 推进国家治理体系和治理能力现代化若干重大问题的决定》《中国共产党农村基层组织工作条例》，写进了《中共中央 国务院关于坚持农业农村优先发展做好“三农”工作的若干意见》，还写进了2019年的政府工作报告。从某种意义上讲，“枫桥经验”已上升为建设有中国特色社会主义的战略道路。因而对于“枫桥经验”的研究，需要多元力量的参与。既要有实务部门的人员，也要有理论研究部门的人员；既要有前面所说的五个团队，也要有更多的个人和其他团队参与到“枫桥经验”的研究中来。

3. 研究主题的聚焦性不强

对“枫桥经验”的研究肯定要从多方面的主题进行，但与此同时也应该聚焦几个非常重要的领域，对非常重要的问题开展研究。现在这种聚焦性已经开始出现，如在“枫桥经验”法治化方面，汪世荣教授、李林教授等进行了较为深入的研究，但除此之外的聚焦研究领域仍太少。

（三）“枫桥经验”研究的完善建议

以上述“枫桥经验”研究的特点与不足为基础，本书对“枫桥经验”的研究提出以下建议：

1. 在坚持政治性的前提下，加强学术性研究

“枫桥经验”是政治经验，对“枫桥经验”的研究首先要坚持其政治性。既要从政治视角研究，又要从学术的角度研究，用学术讲政治，用政治统领学术研究。只有这样，“枫桥经验”的学术理论才能提升，“枫桥经验”的学派才有可能真正形成。

2. 引导多元力量参与到“枫桥经验”的研究中来

从政治的视角而言，需要宣传部门、政法部门、党校等相关研究人员与从事实务的人员参与到“枫桥经验”的研究中来。从学术的视角而言，则需要一切对“枫桥经验”这个学术研究对象感兴趣的人对其进行真正意义上的学术研究，如高校的教师、学生及一些科研部门的专职人员。

3. 聚焦一些重点研究主题

对于“枫桥经验”中的一些重点研究主题，必须要引导广大实务部门工作人员、学者花更多的时间、精力去进行研究，争取取得一批好的成果，如“枫桥经验”与基层社会治理现代化，习近平新时代中国特色社会主义思想与新时代“枫桥经验”，如何从有中国特色社会主义发展的战略高度认识、研究与发展新时代“枫桥经验”等。

本书的研究正是建立在以上研究对策建议的基础之上。

第三节　研究的思路、方法与创新

一、研究的基本思路

本书以法治为视角，力图从理论、主体与实践三个方面，对“枫桥经验”进行较为全面、系统、深入的研究。

具体而言，在理论方面：

首先，对“枫桥经验”走上基层社会治理现代化的历程进行研究。通过对“枫桥经验”的产生、推广、发展和创新四个阶段的回顾，指出“枫桥经验”的发展历程就是走上基层社会治理现代化的历程，而基层社会治理法治化是基层社会治理现代化最重要的内容之一。同时指出，新时代“枫桥经验”已成为推进基层社会治理法治化的典型经验。

其次，以法治为视野，以一些独特的学术范式如“法的大传统与小传统相互结合”“地方性知识”等对“枫桥经验”进行研究。这是从法治理论层面研究“枫桥经验”的应有之义。“枫桥经验”是一个政治经验，也是一个实践经验，如何将其学术化，如何对其开展真正的学术研究，是建立“枫桥经验”学派的前提。学术界曾经提出过由“枫桥经验”上升到“枫桥理论”，再由“枫桥理论”上升到“枫桥学派”的目标。① 但这个目标迟迟没有实现，这与多年来学者们没有重视以一定的学术范式对“枫桥经验”进行研究有很大的关系。

在主体方面，本书围绕“枫桥式”系列基层司法系统进行研究。主要有“枫桥式公安派出所”“枫桥式人民法庭”“枫桥式派驻检察室”“枫桥式司法所”。它们是政法部门在乡镇的派出机构，是“枫桥经验”法治化的重要主体。

在实践方面，本书围绕“枫桥经验”法治化实践中已经创造的一系列经验开展研究。这些经验主要有：

第一，对“枫桥经验”法治化的实践路径进行概述，主要介绍“法律专业人员下基层”“基层政法部门积极参与地方基层社会治理”“专业性调解委员会探索推广调解法治化”“以乡规民约促进基层治理的法治化”等内容。

第二，“枫桥经验”与调解研究。在“枫桥经验”法治化的实践中，调解有着特殊的地位。在“枫桥经验”的发展阶段即“社会治安综合治理”阶段，调解在某种意义上可以说是其他许

---

① 周长康：《枫桥学派的形成和发展》，载《江苏警官学院学报》2009 年第 5 期。

多治理手段的基础。其中，大调解仍然起着很大的作用。但是，随着“枫桥经验”进入基层治理法治化阶段，调解也出现了新的动态，那就是调解法治化。这是传统精华与现代法治完美结合的一种体现，此方面的理论意义与实践意义值得进行深入研究。

第三，“枫桥经验”与基层社会纠纷多元化解决机制研究。在“枫桥经验”实践中，基层社会纠纷多元化解决机制突出的方式有“老乡管老乡”“导访制”“村级事务程序化”等，其带来的启示有：突出法律在基层矛盾多元化解决机制中的主导性作用，突出党委、政府在基层矛盾多元化解决机制中的领导作用，突出良好工作机制在基层矛盾多元化解决机制中的基础作用。

第四，基层党建制度化。基层党建制度化是“枫桥经验”法治化实践中一个较为独特而又特别重要的内容。2015 年，全国农村基层党建工作会议在浙江杭州召开，当时枫桥镇的枫源村、新择湖村是全国农村基层党建的参观点。在这两个参观点中，许多重要内容都吸引了全国各地参观者的注意，其中有一个特别的亮点就是基层党建的制度化。“枫桥经验”中以农村党员量化考核为重点的基层党建制度化走在了全国的前列，它既是基层从严治党的内容，也是基层推进全面依法治国的内容。

二、研究的基本方法

本书综合运用了多种研究方法。

（一）理论与实践相结合的方法

一般而言，不将理论与实践相结合作为一种独立的研究方法，因为所有定性研究通常都会使用理论与实践相结合的方法。本书之所以将理论与实践相结合的方法单独提出来，是因为从整本书的谋篇布局到每一章的具体论述，都运用了理论与实践相结合的方法，这是本书研究最为重要的一个方法论上的特点。

（二）文献研究与实证研究相结合的方法

“枫桥经验”在发展过程中留下了大量宝贵的文献资料，这是本书研究的重要资料来源。同时，也有很多学者对“枫桥经验”及其与法治的关系做出了一些有借鉴价值的研究，这些都属于文献研究的内容。此外，“枫桥经验”也是一个正在发展创新的经验，在现实生活中有很多鲜活的实证材料需要进行总结、提炼。只有将这两者很好地结合起来，才有可能真正研究好法治视野下的“枫桥经验”这个主题。

（三）多学科交叉研究法

本书在研究中广泛运用了法学的概念、范畴等研究方法，因此从总体上来说，这是一本法学研究的专著。但在以法学为主的基础上，本书也运用了社会学、哲学、文化学、历史学、政治学等其他多学科的知识与方法，并且相互之间形成了交叉。

三、本研究可能的创新

（一）研究视角的创新

在学界，以法治为视角对“枫桥经验”进行的研究已有不少，但以此形成一本完整的专著，对“枫桥经验”从理论与实践两个层面进行较为全面、系统、深入的研究，到目前为止还未多见。

（二）研究材料的创新

本书的研究材料，大多是近十年来“枫桥经验”法治化实践中的经验材料，很多是第一次被使用。在写作过程中，有些材料也会发生变化。由于“枫桥经验”是笔者日常教学与科研最主要的内容，因而在搜集这方面的资料上有较为明显的优势。

（三）观点的创新

本书提出了一些独到的新观点，如法治视野下的“枫桥经验”是法的大传统与小传统相结合的产物，“枫桥经验”中的调解法治化、基层党建法治化等。这些观点并不是笔者凭空想出来的，它们要么建立在实证研究的基础之上，要么建立在定性研究的基础之上，是作者长期思考的结果。

第一编
理论编

第二章

“枫桥经验”走上基层社会治理法治化的历程

“枫桥经验”诞生于1963年的社会主义教育运动中，其发展历程大致经历了诞生、推广、发展与创新四个阶段。在诞生阶段，“枫桥经验”是把绝大多数的地主、富农、反革命分子、坏分子等“四类分子”改造成为新人的经验；在推广阶段，“枫桥经验”创造了就地改造流窜犯、帮教失足青少年与一般违法人员、为“四类分子”评审摘帽三个具体经验；在发展阶段，“枫桥经验”是社会治安综合治理的典范；在创新阶段，“枫桥经验”成为基层治理创新的经验，基层治理创新主要包括基层治理的社会化、法治化、智能化与专业化，基层治理的法治化属于基层治理创新的重要内容之一。

第一节 “枫桥经验”的产生

一、产生的历史背景

20 世纪 60 年代初期，我国面临复杂严峻的国际国内形势：从国际形势看，中苏关系严重恶化，中印边境发生了零星的军事冲突。从国内形势看，当时的中国还没有从刚刚经历的三年困难时期中完全恢复过来。当时，台湾地区的蒋介石在美国的怂恿下叫嚣着要“反攻大陆”。我国大陆有些地主、富农、反革命分子、坏分子等“四类分子”与蒋介石遥相呼应，到处散布“变天”的谣言。在这样一个特定的历史背景下，如何处理“四类分子”、巩固人民民主专政的政权，是当时党和国家面临的一项重大政治任务。

针对“四类分子”该如何处理，当时党内有两种不同的意见：一种意见认为，所有“四类分子”都是阶级敌人，对待阶级敌人要一律消灭。另一种意见认为，“四类分子”有好有坏，应当区别对待。更为重要的是，“四类分子”不是一个人，其上有父母、下有子女，中间还有亲戚朋友，一个人处理不好，会影响到一大批人。在当时国际国内形势都非常严峻的情况下，应该尽量将绝大多数的“四类分子”改造成为社会主义新人，以壮大人民的力量，减少敌人的力量。

二、产生的过程与主要内容

正是在这样一个特定的历史条件和时代背景下，如何教育和改造“地、富、反、坏”等“四类分子”，巩固人民民主专政政权，最大限度地调动一切积极因素，化消极因素为积极因素，为社会主义建设服务，成为当时摆在全党和各级公安机关面前的一个重大课题。1963 年 2 月，中共中央在北京举行工作会议，决定在全国农村普遍开展社会主义教育运动。同年 5 月，毛泽东同志在杭州主持召开中央政治局扩大会议，讨论起草了社教运动的纲领性文件《关于目前农村工作中若干问题的决定》（草案），提出要把绝大多数“四类分子”改造成为社会主义新人的任务。中央决定，在这次运动中，除行凶报复、杀人、抢劫、放火、投毒等民愤很大的现行犯必须立即逮捕法办以外，对有破坏活动的“四类分子”基本上实行“一个不杀，大部不捉”的方针。1963 年 6 月，中共浙江省委组织社会主义教育运动试点工作队进驻诸暨、上虞、萧山。同年 7 月，中共浙江省委根据党中央“一个不杀，大部不捉”的指导方针，规定在改造“四类分子”的过程中，除有犯罪行为的现行犯外，一律不得逮捕人；在运动后期，必须要逮捕的，也要报经省委批准。同年 9 月，中共中央根据试点中提出的问题，制定了“一个不杀，大部（百分之九十五）不捉”的方针。这一方针，成为当时枫桥区社会主义运动试点工作的指导方针。在这一方针的指导下，枫桥区的干部群众开展说理斗争，没有捉人，没有打人，就把一些群众强烈要求逮捕的、有严重破坏活动的 45 名“四类分子”就地制服了。

1963 年 10 月，枫桥区的社教运动基本结束后，浙江省委工作组指定省公安厅 8 人小组在枫桥公社紫薇大队一农户家中起草总结枫桥区社教运动试点工作的经验。起草工作整整花了 23 天时间，于 10 月下旬完成了《枫桥区社会主义教育运动对敌斗争总结》的材料。10 月底，毛泽东同志在杭州听取了公安部领导汇报诸暨县枫桥区社教运动中对敌斗争试点情况时说：“这叫做矛盾不上交，就地解决。”并指示要好好总结。11月初，时任公安部一局局长凌云同志和办公厅副主任陈光逵同志来到枫桥区，他们看了总结材料，又召开了在枫桥区参加试点的省、地、县三级公安干部座谈会，还到紫薇大队的群众中开展调查，听取了群众对这次运动中对敌斗争的看法和对监督改造“四类分子”的意见。凌云同志回到杭州后，与起草组同志共同研究讨论枫桥区社教运动中对敌斗争的有关问题，解决了社教运动的指导思想、不同对象区别对待、是“文斗”还是“武斗”、少捕还是多捕、监督改造五个方面的认识问题，使总结材料有了一条比较清晰的思路。起草小组又到枫桥区作了一番调查，总结出了“少捕，矛盾不上交，以说理斗争的形式把绝大多数‘四类分子’改造成为新人”的经验。浙江省公安厅党委把经验总结材料送给还在枫桥区蹲点的时任中共浙江省委书记处书记林乎加同志审查，林乎加同志看过后表示同意，指示由浙江省公安厅把这个稿子送公安部审查。公安部接到这个经验总结材料后，又组织公安部和浙江省公安厅的同志一起进行了集体修改。随后，中共浙江省委讨论通过了“枫桥经验”的材料，形成了以中共浙江省委工作队、中共诸暨县委署名的《诸暨枫桥区社会主义教育运动中开展对敌斗争的经验》。①

11月20日，公安部领导把将在第二届全国人民代表大会第四次会议上所作的题为《坚持人民民主专政，依靠群众，把绝大多数“四类分子”改造成为新人》的发言稿送给毛泽东同志审阅。毛泽东同志在这个发言稿上批示：“此件看过，很好。讲过后，请你们考虑，是否可以发到县一级党委及县公安局，中央在

---

① 金伯中：《论“枫桥经验”的时代特征和人本思想》，载《公安学刊》2004年第5期。

文件前面写几句介绍的话，作为教育干部的材料。其中应提到诸暨的好例子，要各地仿效，经过试点，推广去做。”① 事后，毛泽东同志在与当时的公安部副部长汪东兴的谈话中指出：“你们公安部，日常的具体工作很多，如巩固边防的工作，搞一些特大案件，投靠外国使领馆的案件，重大的刑事案件，等等，这是经常要做的。还要研究情况，提出一个时期的政策。但最重要的一条，是如何做群众工作，教育群众，组织群众，做一般性的公安工作……从诸暨的经验看，群众起来之后，做的并不比你们差，并不比你们弱，你们不要忘记动员群众。群众工作做好了，可以减少反革命案件，减少刑事犯罪案件……我们的公安工作，历来是与苏联不同。诸暨县有经验要好好总结一下，整理一个千把字的材料批发下去，回答两个问题：（1）群众是怎样懂得这样做的；（2）依靠群众办事是个好办法。材料要短一点，长了没人看，短了就有人看。你们经常要蹲点，做这种工作。”②

由此，“枫桥经验”产生。在产生阶段，“枫桥经验”是一个把绝大多数地主、富农、反革命分子和坏分子等“四类分子”改造成为新人的经验，简单地说，在产生阶段，“枫桥经验”就是一个改造“四类分子”的经验。

---

① 建国以来毛泽东文稿编委会：《建国以来毛泽东文稿》（第10卷），中央文献社1987年版，第416页。

② 谌洪果：《“枫桥经验”与中国特色的法治生成模式》，载《法律科学》2009年第1期。

第二节 “枫桥经验”的推广

一、推广的状况

1964年1月14日，中共中央发布名为《关于依靠群众力量，加强人民民主专政，把绝大部分“四类分子”改造成为新人的指示》的文件，指出“枫桥经验”是一个很好的典型，并将中共浙江省委批转的“枫桥经验”作为附件转发全国学习推广。由此，“枫桥经验”成为全国政法战线的一面旗帜。

1965年1月16日，中共中央在《中央批转公安部党组关于当前工作中两个问题的报告》中特别强调“枫桥经验”的作用，再次要求全国各省、市、区学习推广“枫桥经验”，控制捕人、杀人。

但是到了1966年“文化大革命”爆发后，“枫桥经验”也被打倒了，它被诬蔑为修正主义的黑样板、资产阶级的从性论。“枫桥经验”的推广工作由此中断。但只中断了4年，1970年年底，在第十五次全国公安会议上，周恩来总理亲自出面，进一步肯定“枫桥经验”。从此，“枫桥经验”的学习推广工作就没有再中断过。

二、推广阶段的具体经验

20世纪60年代后期至20世纪70年代初期，枫桥区先后创造了就地改造流窜犯、帮教失足青少年和一般违法人员的做法；“文化大革命”结束后，又率先对“四类分子”评审摘帽，为全国范围内开展这项工作提供了典范。

第一，就地改造流窜犯。当时中国刚刚经历三年困难时期，农村又有“大跃进”的浮夸风，很多农民吃不饱，于是跑到城市去，逐渐开始偷、抢、流窜作案。如何改造这些流窜犯，成为当时党和国家面临的重要政治任务。枫桥区的干部群众采用“三管”办法①，成功改造好这些流窜犯，创造了推广阶段的第一个经验。

第二，帮教失足青少年与一般违法人员。受“文化大革命”的影响，青少年违法犯罪一时间大量增加，严重影响社会安定。对此，枫桥区的干部群众坚持“枫桥经验”，率先提出“帮教”理念，采用“三清一落实”的措施。“三清”，指查清违法犯罪行为造成的原因，查清违法犯罪行为的活动规律，查清帮助教育改造的有利条件和不利因素。“一落实”，指落实帮教措施。对失足青少年和一般违法人员实行帮助教育，有效实现“少捕，矛盾不上交”，开创了全国帮教工作的先河。

第三，为“四类分子”评审摘帽。粉碎“四人帮”后，在农村，“四类分子”经过二三十年的监督改造，其中的绝大多数已经成为自食其力的劳动者，但内部控制的3%的摘帽比例一直成为无人敢于突破的“禁区”。枫桥区的干部群众坚持一切从实际出发，解放思想，实事求是，大胆冲破“左”的禁锢和束缚，运用“枫桥经验”的基本精神，突破3%的摘帽比例“禁区”，率先对那些遵守政府法令、积极参加生产劳动的“四类分子”开展评审摘帽，培养表现好的“四类分子”子女入团、当干部，送表现好的“四类分子”子女去当兵。至1978年9月，枫桥区已摘

---

① “三管”：“管头”即做流窜犯的思想工作，“管脚”即看管流窜犯不让其逃跑，“管肚皮”即让流窜犯有吃的。

帽"四类分子"占总数的58.2%，这不仅在全国开了摘帽的先河，而且比例之高也是绝无仅有的。1979年2月5日，《人民日报》发表新华社记者长篇通讯《摘掉一顶帽，调动几代人——记浙江省诸暨县枫桥区落实党对四类分子的政策》，对枫桥区的摘帽工作做了专题报道，再一次肯定推广"枫桥经验"。这对全国范围"四类分子"的摘帽工作产生了重大影响，起到了巨大的推动和促进作用，也为拨乱反正和全党全国工作重心的转移提供了一个好的例证。

第三节 "枫桥经验"的发展

一、发展阶段的历史背景

1978年，正准备迈向改革开放新道路的中国遇到了"文化大革命"后的第一个犯罪高峰期，刑事犯罪尤其是青少年犯罪的情况相当严重，成为危害社会安定的突出问题。全国刑事案件发案数自1979年首次突破60万起大关后，于1981年一举上升到89万起。就在党的工作重点转移到经济建设上来之初，如何扭转日益严峻的社会治安形势首先摆在了中共中央和中国政法部门的面前。①

在当时主管政法工作的社会主义法制主要奠基人彭真同志的亲自主持下，公安战线于1979年11月22日至26日召开了全国城市治安会议。在这次会议上，两个扭转社会治安严峻形势的重

① 赵义著：《枫桥经验：中国农村治理样板》，浙江人民出版社2008年版，第59页。

要战略开始浮出水面，并且其影响一直延续到今天。一个是依法从重从严惩处的思想，另一个是实现社会治安综合治理的思路。[①] 1981年6月14日，中共中央21号文件批转了中央政法委《京、津、沪、穗、汉五大城市治安座谈会纪要》，我国中央文件中第一次提出"综合治理"这个概念。

二、发展阶段的具体实践

针对新时期的背景和历史任务，枫桥的干部群众在全力推进经济发展的同时，大力加强社会治安综合治理工作，创造了"四前工作法"，"四先四早工作机制"，"矛盾纠纷的劝导调解机制"，"三级调解组织的联动机制"，矛盾纠纷调处中的"六优先"原则，"调解与审判的联动机制"，调解工作中的"四统一""六个心"要求和"案件审理与矛盾纠纷预防并重的机制"，在有效预防矛盾纠纷发生、有效防止矛盾纠纷激化，维护农村社会稳定和发展等方面发挥了重要作用。这些机制可以概括为以下三个方面[②]：

（一）预防机制："四前工作法"

1. 组织建设走在工作前

预防化解矛盾需要各级组织进行，依靠组织化的管理和推动，落实矛盾纠纷的预防和化解。枫桥镇建立了不同层次的治保调解组织，建立了有效化解矛盾纠纷的治调队伍和治安信息员队伍。重视村、企业治保调解组织建设，网络健全，力量精干。具

---

① 赵义著：《枫桥经验：中国农村治理样板》，浙江人民出版社2008年版，第59~60页。

② 汪世荣主编：《枫桥经验：基层社会治理的实践》，法律出版社2018年版，第155~164页。

体表现在：第一，实行专兼职结合。第二，加强教育培训。第三，在生活上给予关心。

2. 预测工作走在预防前

枫桥镇建立了一个反应灵敏、能及时发现矛盾纠纷的预警体系。镇政府和镇党委通过定期例会制度，由上而下、由下而上地收集治安信息，预测社会治安、不安定因素和矛盾纠纷的特点规律。具体表现在：第一，定期例会制度。第二，重点预测和分析制度。

3. 预防工作走在调解前

坚持抓早、抓小、抓苗头，突出抓好与农民生产、生活密切相关的重点事件的预防工作。具体表现在：第一，为了减少征地过程中的矛盾，做到合理利用土地与保护村民利益并重，土地管理和城市建设等部门与各村完善了建房审批“四公开四到场”制度。第二，“双抢”来临之际，村里几套班子成员都要集体检查一遍电线、沟渠、机耕路和山塘水库，该补修的及早修补，该抢建的及早抢建，防止村民因争水、争电、争路发生矛盾纠纷。第三，出于预防矛盾纠纷的需要，综合治理工作进入社区、进入校园、进入民营企业。

4. 调解工作走在激化前

对于已经出现的矛盾纠纷，坚持做到不怕、不推、不拖、不回避，积极开展调解工作，着力化解矛盾，防止激化。具体表现在：第一，各方联动，健全调解机制。第二，因事制宜，采取化解矛盾纠纷的系列措施。第三，责任到位，保证矛盾纠纷的及时调处。

（二）效率机制：“部门协同，镇村联动”“审判与调解联动”

1. “部门协同，镇村联动”

“部门协同”在镇一级主要通过加强政法部门的横向联系与

配合，加大、加快矛盾纠纷的调处力度和速度。“镇村联动”主要是加强镇、管理处、村三级调委会的联系。镇村联动的核心是三级调解组织的联动。枫桥镇针对矛盾纠纷的性质、影响范围，将矛盾纠纷分类，由不同的机构进行调处。调处包括分级调处、指令调处、直接调处、包案调处和联合调处等形式。各职能部门遇到较大疑难案件或调委会移送的重大疑难案件，单凭一个部门的力量难以解决的，可以报告综治办，由综治办召集相关部门负责人分析研究，必要时抽调有关部门人员组成联调小组联合调处。对于影响较大、相对复杂疑难的案件，由派出所、法庭、司法所会同相关职能部门联合调处，减少中间环节，提高办案效率。

2. “审判与调解联动”

首先，枫桥法庭劝导当事人通过调解途径解决矛盾纠纷。枫桥人民法庭制作了《调解劝导书》，对没有经过调解直接起诉到法院的矛盾纠纷，劝导当事人首先寻求调解途径解决矛盾纠纷。其次，枫桥人民法庭加强对人民调解工作的指导。枫桥人民法庭建立了法律指导员工作制度，选择部分审判员作为法律指导员，指导辖区内各级人民调解组织，定期培训、定期咨询、定期指导，使指导工作经常化和制度化。

所有上述制度，均加强了法庭与人民调解组织之间的联系，形成了矛盾纠纷处理中的合力，在切实降低矛盾纠纷成诉率的基础上，实现了矛盾纠纷的有效化解，取得了良好的效果。

（三）规范机制：调解过程中坚持“六优先”“四统一”和“六个心”

“六优先”：针对某些类型矛盾纠纷的特点，调解组织在调处时，优先安排处理六类需要优先调处的矛盾纠纷。主要是指苗头性纠纷优先调处，容易激化的纠纷优先调处，经济纠纷优先调处，三养纠纷（指父母向子女追索赡养费的纠纷、子女向父母追索抚养费的纠纷以及夫妻之间追索扶养费的纠纷）优先调处，有倾向性、牵连性的纠纷优先调处，影响生产的纠纷优先调处。

“四统一”：为了规范调解工作，保证调解的质量，保证类似的问题能够得到相似的调处，维护调解的公正性，枫桥镇对调解工作提出了四个方面必须统一的要求：统一调解干部对调解纠纷的认识，统一调解程序，统一法律政策依据，统一处理方案。

“六个心”：为保证真正落实“四统一”，枫桥镇对调解干部提出了明确具体的要求，即倾听要专心，调查要细心，疏导要耐心，调处要诚心，结论要公心，遇有反复要恒心。这其实属于调解程序的规定，为调解干部树立了较高的工作标准。

在此阶段，“枫桥经验”创造了“党政动手，各负其责，依靠群众，化解矛盾，维护稳定，促进发展，做到小事不出村，大事不出镇，矛盾不上交”的成功经验，实现了“矛盾少、治安好、发展快、社会文明进步”的良好局面。“枫桥经验”发展成为社会治安综合治理的典范。

第四节　“枫桥经验”的创新

一、创新阶段的历史背景

改革开放以来，我国经济社会发展取得了举世瞩目的成就，社会主义市场经济体制逐步完善，经济总量位居世界第二；行政体制改革逐渐走向深入，在转变政府职能、建设服务型政府方面取得了重大进展；人民生活水平大幅提升，城乡基层公共服务逐步实现全覆盖，综合国力不断增强。与此同时，在社会急剧转型期，人民生活水平提高的同时伴随着社会阶层的分化，人民思想观念多元化，民主意识、权利意识和参与意识增强，社会矛盾增多且日趋复杂，基层治理面临的挑战日益加剧。突出体现为：政府、市场、社会边界和功能模糊，社会组织发育滞后，社会活力不足；城乡二元的体制机制约束，造成城乡、区域基本公共服务供给不足和严重失衡；封闭、固化的社会管理思维、方式和体制不能适应开放、流动背景下的社会管理服务需要；以民主选举、民主决策、民主管理和民主监督为基础的基层自治制度的微观机制不健全、实践运作不完善，造成社会民众的参与意识、规则意识淡漠以及参与能力不足等。这些都成为影响国家与社会有序发展和长治久安的重要现实问题。①

为此，党的十八大报告提出了全面深化改革开放，深化行政体制改革；完善基层民主制度，健全社会主义协商民主；创新社会管理，加强社会建设等具体改革举措。十八届三中全会通过了《中共中央关于全面深化改革若干重大问题的决定》，提出全面深化改革的总目标是完善和发展中国特色社会主义制度，推进国家治理体系和治理能力现代化，从而明确了国家改革的战略方向和目标，同时也指明了基层治理的改革发展方向。十八届四中全会审议通过了《中共中央关于全面推进依法治国若干重大问题的决定》，提出建设中国特色社会主义法治体系，建设社会主义法治国家，坚持法治国家、法治政府、法治社会建设，为实现国家治理现代化提供坚实的法治保障。十八届五中全会提出的创新、协调、绿色、共享和开放五大发展理念，赋予了治理现代化更为深刻的内涵。在党的十九大报告中，习近平总书记进一步从指导思

① 王名、李朔严：《十九大报告关于社会治理现代化的系统观点与美好生活价值观》，载《中国行政管理》2018 年第 3 期。

想、基本格局、体制制度、发展水平、机制任务及战略目标六个方面，对加强和创新社会治理做了更加系统的部署，将社会治理的认识提到了一个新高度，形成了全面深化改革整体框架下关于社会治理现代化的系统观点和相对完整的思想体系。[①] 党的十九届四中全会通过的《中共中央关于坚持和完善中国特色社会主义制度、推进国家治理体系和治理能力现代化若干重大问题的决定》指出："社会治理是国家治理的重要方面"，强调“要加强和创新社会治理”，“坚持和完善共建共治共享的社会治理制度，保持社会稳定、维护国家安全”。加快推进社会治理现代化，夯实“中国之治”的基石。

二、创新阶段的主要内容

枫桥的干部群众坚持“枫桥经验”基本精神，以党建为统领，突出“人民中心”这一理念，推进三治融合、四防并举，共建共享，不断发展创新“枫桥经验”，不断赋予“枫桥经验”新的科学内涵和时代特征，“枫桥经验”进入新时代。新时代“枫桥经验”成为推进基层社会治理现代化的典范。

创新阶段的“枫桥经验”，也被称为“新时代枫桥经验”，它是指党的十八大以后在原有基础上创新发展起来的“枫桥经验”，具有鲜明的“治理”特征。其是在党的领导下，由枫桥等地人民创造和发展起来的化解矛盾、促进和谐、引领风尚、保障发展的一套行之有效且有典型意义和示范作用的基层社会治理方法，基本元素包括党建统领、人民主体、“三治”融合、共建共享、平

---

① 王名、李朔严：《十九大报告关于社会治理现代化的系统观点与美好生活价值观》，载《中国行政管理》2018 年第 3 期。

安和谐等。[①]

三、新时代"枫桥经验"成为推进基层社会治理法治化的典型经验

作为推进基层社会治理现代化的"枫桥经验"，包含了推进基层社会治理社会化、法治化、专业化与智能化等多方面的内容。基层社会治理法治化是"枫桥经验"在新时代创新的重要内容之一。

习近平总书记在纪念毛泽东同志批示"枫桥经验"50周年前夕，就坚持和发展"枫桥经验"作出重要指示，强调各级党委和政府要充分认识"枫桥经验"的重大意义，发扬优良作风，适应时代要求，创新群众工作方法，善于运用法治思维和法治方式解决涉及群众切身利益的矛盾和问题，把"枫桥经验"坚持好、发展好，把党的群众路线坚持好、贯彻好。[②]

枫桥的干部群众按照习近平总书记的要求，坚持发展"枫桥经验"，在推进基层社会治理法治化方面进行了一系列的实践，如进行"枫桥式派出所""枫桥式法庭""枫桥式检察室""枫桥式司法所"创建，推广农村法律顾问制度，开设农村法治大讲堂，探索调解法治化，实施农村基层党建法治化等。

---

① 中国法学会"枫桥经验"理论总结和经验提升课题组著：《"枫桥经验"的理论构建》，法律出版社2018年版，第17~18页。

② 王比学：《把"枫桥经验"坚持好、发展好　把党的群众路线坚持好、贯彻好》，载《人民日报》2013年10月12日。

第三章

法的“大传统”与“小传统”相互结合视角下的“枫桥经验”[①]

“枫桥经验”自1963年产生以来，一直是政策宣传的热点，但对“枫桥经验”真正基于学术的研究却不是太多。近些年来，虽有学者从学术角度开展研究工作，但其研究的基本内容，如基本情况介绍、一些重要统计数据等，还是政策宣传的内容。这不免有政策宣传与学术研究相混淆之嫌疑。为避免这种情况发生，笔者拟以“中国重要报纸全文数据库”中的报纸对“枫桥经验”的报道统计为对象开展学术研究。

确定了研究对象之后，选取研究视角就显得十分重要。

有学者指出：“‘枫桥经验’既体现了国家政权建设的一种合法化努力，具有强烈的政治意味以及工具和手段的色彩，‘枫桥经验’同时也是老百姓的日常法治化生活方式本身，是一种活生

① 本部分内容曾发表，参见尹华广：《法的“大传统”与“小传统”相互结合的实证分析——以中国重要报纸对“枫桥经验”的报道为对象》，载《公安学刊》2010年第2期。

生的制度和体系。”① 正因如此，从法的“大传统”与“小传统”相互结合的视角分析、研究“枫桥经验”就不仅具有了可能性，而且具有了必要性。

笔者研究的总体思路是：先从理论上对相关问题进行界定、论证或说明，再用实证方法进行检验，看看理论论证与实证结论是否相符。然后进行进一步的思考。

第一节 几个前提性问题的界定、论证或说明

要想以中国重要报纸对“枫桥经验”的报道为对象，从法的“大传统”与“小传统”相互结合的视角来研究“枫桥经验”，有几个前提性问题是必须首先作出界定、论证或说明的。它们是：为什么说“枫桥经验”是法，“枫桥经验”是什么样的法？何谓法的“大传统”与“小传统”？哪些报纸代表了“枫桥经验”法的“大传统”，哪些报纸代表了“枫桥经验”法的“小传统”？下面分别作出界定、论证或说明。

一、“枫桥经验”是法，是法的“大传统”与“小传统”相结合的产物

在法哲学上，不同学派、不同法学家对法的界定是截然不同的。马克思主义认为：“占统治地位的个人除了必须以国家形式组织自己的力量外，他们还必须给予他们自己的由这些特定关系所决定的意志以国家意志即法律的一般表现形式。”“由他们的共

① 谌洪果：《“枫桥经验”与中国特色的法治生成模式》，载《法律科学（西北政法大学学报）》2009年第1期。

同利益所决定的这种意志的表现，就是法律。”[①] 自然法学派认为，法是“指整个人类所共同维护的一整套权利或正义”。[②] 分析实证主义法学派代表人物奥斯汀认为：“法是无限主权者的命令。”[③]

根据上述法的定义，很显然我们不能将“枫桥经验”归于法的范畴。那么“枫桥经验”在何种意义上是法呢？这就必须另外寻找依据。

从法社会学的视角来看，被誉为法社会学创始者的奥地利著名法学家欧根·埃利希认为：“在当代以及任何其他的时代，法的发展的重心既不在于立法，也不在于法学或司法判决，而在于社会本身。”[④] 埃利希倡导法学的理论基础是“活法论”。他认为，这种“活法”就是人类组织的“内在秩序”。它们支配着实际的社会生活，是人类行为的真正决定因素。“活法不仅是原始的法的形式，而且直到今天，仍然是最基本的法的形式。”它们是法律条文的最丰富的来源。“活法”存在于司法决定、商业文件、社会组织的秩序和人们的日常行动中，只要细心观察，就能够总结出来。[⑤] 而“枫桥经验”正是存在于社会本身，它实质上就是一种社会组织秩序，“是老百姓的日常法治化生活方式本身，

---

① 《马克思恩格斯全集（第3卷）》，人民出版社1960年版，第378页。

② 张文显著：《二十世纪西方法哲学思潮研究》，法律出版社2006年版，第32页。

③ 张文显著：《二十世纪西方法哲学思潮研究》，法律出版社2006年版，第72页。

④ ［奥］欧根·埃利希著：《法社会学原理》，舒国滢译，中国大百科全书出版社2009年版，作者序。

⑤ 张文显著：《二十世纪西方法哲学思潮研究》，法律出版社2006年版，第111页。

是一种活生生的制度和体系”。[①] 因而，“枫桥经验”是法，是“活法”。

也有学者是从“软法”的视角来论述“枫桥经验”为法的，“我们知道法具有规范性、强制性和普遍性三项基本形式特征，那么我们来看看‘枫桥经验’是否具有这样的特征……所以，就法的三项基本特征而言，‘枫桥经验’完全具备这些特征。‘枫桥经验’是法吗？‘枫桥经验’完全属于法的范畴”。[②]

从另一个视角而言，我们也可以将“枫桥经验”界定为民间法或习惯法，[③] 因为“它生自民间，出于习惯，乃由乡民长期生活、劳作、交往和利益冲突中显现，因而具有自发性和丰富的地方色彩。由于这套知识主要是一种实用之物，所以在很大程度上为实用理性所支配”。[④] 但“枫桥经验”似乎又不能算是严格意义上的民间法或习惯法，因为从一开始，它就有国家权力的介入，而且也由国家权力向全国推广。但它肯定更不是国家法，因为它产生于民间，而且主要是基于民间已经形成的习惯、惯例形成的。因此，从严格意义上说，它应该是以“小传统”为基础，由“大传统”介入而形成的一种法的“小传统”与“大传统”互相结合的产物。本文正是从此种法意义上对“枫桥经验”展开

---

① 谌洪果：《“枫桥经验”与中国特色的法治生成模式》，载《法律科学（西北政法大学学报）》2009 年第 1 期。

② 韩永红：《本土资源与民间法的生长——基于浙江“枫桥经验”的实证分析》，载《中共浙江省委党校学报》2008 年第 4 期。

③ 在学界，既有将民间法与习惯法区别使用的，也有等同或混用的。详见田成有著：《乡土社会中的民间法》，法律出版社 2005 版，第 20～21 页。在本文中，笔者是将两者等同使用的。

④ 梁治平著：《清代习惯法：社会与国家》，中国政法大学出版社 1996 年版，第 127～128 页。

研究的。

二、何谓法的“大传统”与“小传统”

既然说“枫桥经验”是法，是一种法的“小传统”与“大传统”互相结合的产物，那什么是法的“大传统”与法的“小传统”呢？在论述法的“大传统”与“小传统”之前，我们有必要先弄明白什么是“大传统”（Great Tradition），什么是“小传统”（Little Tradition）。“大传统”与“小传统”是美国人类学家、民族学家雷德菲尔德（Robert Redfield，1897~1958年）提出的。他是研究乡村和都市文化与社会变迁的先驱人物。他在研究中美洲乡土文化的基础上，在《原始世界及其类型》《乡民社会与文化》等著作中，提出了从“大传统”与“小传统”之间的互相影响和作用来理解人类历史景观的构想。所谓“大传统”，是指都市上层阶级以及知识分子以文字记载的文化；所谓“小传统”，主要是指在小规模共同体，特别是乡村中通过口头传承的文化。①

而将“大传统”与“小传统”这一对概念引入法学研究，并使之产生重大影响的无疑应该首推梁治平先生。梁先生在《习惯法与国家法》一文中提出：“事实上，作为一种知识传统，习惯法属于人类学家所说的‘小传统’，而与出自一般所谓‘精英文化’的‘大传统’相对应。”② 田成有先生则将梁治平先生的观点具体化，指出法的“大传统”反映了国家通过法律和正式文件

---

① 张荣华：《文化史研究中的大、小传统关系论》，载《复旦学报（社会科学版）》2007年第1期。

② 梁治平著：《清代习惯法：社会与国家》，中国政法大学出版社1996年版，第127页。

所规定的规范、规章等一系列官方的意识形态与文化，其权威来源于国家权力的给予和支持，体现的是国家的官方、权威和正统主流意识。而关于法的“小传统”，他认为是由非官方的传统价值、规范以及习惯构成的，它并没有得到国家的积极认可，反映的是社会非正式的民间意识。最后，他总结说，法的“大传统”代表着国家的利益和要求，而法的“小传统”则反映了村庄和农民的利益、需求和感受。①

三、国家级重要报纸代表了法的“大传统”、地方级重要报纸代表了法的“小传统”

对梁治平、田成有两位先生的观点，笔者深表赞同。但具体到“枫桥经验”，我们则不能简单地说它属于法的“大传统”或法的“小传统”。因为它既“代表着国家的利益和要求”，又“反映了民间的利益、需求和感受”。无论说它代表了法的“大传统”还是说它代表了法的“小传统”，都失之偏颇，我们完全可以说它是法的“大传统”与“小传统”的结合。从此种理论出发，我们甚至可以说，“枫桥经验”是一个法的“大传统”与“小传统”完美结合的经验。

但问题是，如果以重要报纸进行实证研究，怎样断定哪些报纸代表了法的“大传统”，而哪些报纸又代表了法的“小传统”呢？笔者在研究中是这样进行界定的：相对而言，国家级的报纸代表的是法的“大传统”，如《人民日报》《人民法院报》《法制日报》《检察日报》《人民公安报》等；而地方级的报纸代表的是法的“小传统”，如《浙江日报》《浙江法制报》《绍兴日报》

---

① 田成有著：《乡土社会中的民间法》，法律出版社 2005 年版，第 104 页。

等。国家级报纸代表法的“大传统”，这应该是没有争议的。但地方级报纸代表法的“小传统”则是很有争议的，因为地方级报纸也具有官方的性质，肯定也有代表法的“大传统”的因素。但由于以下几点理由，笔者将其界定为代表法的“小传统”：第一，从“枫桥经验”的诞生来看，它诞生于1963年，初期是一个改造“四类分子”的经验。但是在1949年5月，枫桥人民就创造了类似的制度。“枫桥经验”正是浙江省委工作组在对当时的枫桥地区民间已经存在的先进做法进行总结的基础上而产生的。[①] 在“枫桥经验”的创新发展过程中，往往也是民间在实行先进做法，政府部门对其进行总结与推广，如被誉为新“枫桥经验”的“夏履程序”、“乡村典章”等莫不如此。[②] 第二，地方级报纸的一个重要特点就是地方性，即使是省级报纸，它在报道“枫桥经验”时也是着眼于本省，从全国的视角来进行报道的极少。这从报道“枫桥经验”的地方级报纸基本上是《绍兴日报》《浙江日报》《浙江法制报》的例证中也可得到证明。由于地方级报纸具有地方特色，“枫桥经验”作为法的“小传统”的层面无疑也是地方级报纸报道的重要方面。即使地方级报纸对“枫桥经验”从法的“大传统”角度进行报道，由于其地方性，不可避免地要涉及法的“小传统”的内容。第三，更为重要的是，如前所述，从严格意义上说，“枫桥经验”应该是以“小传统”为基础，由“大传统”介入从而形成的一种法的“小传统”与“大传统”互相结合的产物。但其实质应该还是属于民间法或习惯法，属于“小传统”。因而地方政府特别是浙江省政府与绍兴市政府在推动

① 关于这方面的内容，详见吕剑光：《“枫桥经验”的前前后后》，载《人民公安》1997年第19期。

② 关于此方面的详细内容，见赵爱庆、孙建军、赵佳维：《超越乡村精英治理模式的政治抉择》，载《中共浙江省委党校学报》2008年第1期。

“枫桥经验”时，更多的是希望“枫桥经验”作为法的“小传统”上升为法的“大传统”，得到国家的持久支持与推广。因而其重心往往放在对法的“小传统”的总结与得到国家承认方面。这从当地的政府和官员所采取的一些措施中也可得到证明。这些措施有：“地方政府积极做建议说服工作；推动上级蹲点调研，最后得到肯定，下发文件，总结推广。”“配合上述工作，召开周年纪念大会和各种现场会，进行汇报总结的仪式化活动。”① 其他地方级报纸在报道与“枫桥经验”相关的内容时，也会将重心放在本地法的“小传统”方面。地方政府报纸作为党与政府的喉舌，无疑也是与地方党委、政府部门的措施保持高度一致的。第四，还有一个不得不提的因素，是因为作为“枫桥经验”真正法的“小传统”代表的是基层民众，他们往往没有能力直接发表自身的见解，必须通过地方党委、政府，通过地方报纸才能将他们的“小传统”表现出来，让生活于其地域范围的人所知晓。因而我们基本上可以这样说，地方级重要报纸对“枫桥经验”虽有法的“大传统”的报道，但其侧重点更多的是法的“小传统”方面，其实质还是对法的“小传统”的反映。当然，在这里也要再一次强调，国家级重要报纸代表法的“大传统”，地方级重要报纸代表法的“小传统”只是一种相对而言的划分，只是为了研究的方便而采取的一种权宜之策。但笔者认为，采取这样一种分类方式进行实证研究应当是可行的。

---

① 谌洪果：《“枫桥经验”与中国特色的法治生成模式》，载《法律科学（西北政法大学学报）》2009 年第 1 期。

第二节 实证研究的方式与内容

一、实证研究方式

本书以中国重要报纸对“枫桥经验”的报道为对象，这首先要对中国重要报纸的范围作出限定。这不是一件容易的事情，从现有技术条件和可操作性角度出发，笔者选取的是“中国重要报纸数据库”中所有的报纸。

选取的范围是以“中国重要报纸数据库”中所搜得的所有关于“枫桥经验”的报纸报道篇数。因数据库起始时间最早为2000年，所以只能从2000年搜起，截止时间为2009年。[①] 搜索时，报纸报道文章总篇数为6934729篇，输入主题词“枫桥经验”后共有报道152篇。笔者正是以这152篇报道为对象展开研究的。

二、实证研究内容

笔者研究的主要内容是“枫桥经验”作为法的“大传统”与“小传统”相互结合的产物，其“大传统”与“小传统”相互结合的状况是否与理论所反映的相一致。笔者是这样进行实证的：将搜索到的152篇文章先按国家级与地方级进行分类，然后，在国家级内部、地方级内部分别进行分类，最后进行具体分析与说明。

从表1的数据来看，国家级重要报纸共有56篇文章报道了

---

① 笔者搜索的时间为2009年6月26日，是在重庆大学图书馆购买的中国重要报纸数据库中进行搜索的。

“枫桥经验”，约占全部152篇文章中的37%；而地方级重要报纸明显多于国家级重要报纸，有96篇文章，约占全部152篇中的63%。单看这个数据，我们似乎应该得出“枫桥经验”法的“小传统”的因素远远大于法的“大传统”的因素的结论。但仔细分析，我们发现这样的结论是错误的。因为国家级重要报纸的总数量是明显低于地方级重要报纸的总数量的，从这个因素考虑，国家级重要报纸占总数37%应该是一个相当高的比例了。再来看表2，在国家级重要报纸中，《人民日报》《人民法院报》《检察日报》《人民公安报》《法制日报》《光明日报》《工人日报》《新华每日电讯》《学习时报》《中国改革报》应是人们公认的影响力比较大的报纸，其他报纸则影响力稍弱。影响力比较大的报纸报道总篇数为50篇，而影响力稍弱的报纸报道总数仅为6篇。从报纸的角度来看，代表“枫桥经验”法的“小传统”的应该是绍兴的报纸与浙江省级的报纸，因为它们是“枫桥经验”法的“小传统”的总结的推广者。表3的数据证明了这一判断。《绍兴日报》《浙江日报》《浙江法制报》共报道“枫桥经验”86篇，约占地方级重要报纸报道总数的90%。从以上分析可以看出，“枫桥经验”作为法的“大传统”与法的“小传统”的相互结合，从重要报纸的视角来看，主要就是以《人民日报》《人民法院报》《法制日报》等为代表的法的“大传统”与《绍兴日报》《浙江日报》《浙江法制报》等为代表的法的“小传统”的相互结合。

表1　国家与地方重要报纸报道数（单位：篇）

总数	国家级（%）	地方级（%）
152	56（37%）	96（63%）

表2 国家级重要报纸报道数（单位：篇）

报纸名	《人民日报》	《人民法院报》	《检察日报》	《人民公安报》	《法制日报》	《光明日报》	《工人日报》	《新华每日电讯》	《学习时报》	《中国改革报》	《中国档案报》	《中国电力报》	《中国企业报》	《中国绿色时报》	《农村信息报》
数量	5	15	2	7	16	1	1	1	1	1	1	2	1	1	1

注：《人民日报》中包括海外版1篇。

表3 地方级重要报纸报道数（单位：篇）

	浙江省内重要报纸							浙江省外地方级重要报纸				
报纸名	《浙江日报》	《浙江法制报》	《绍兴日报》	《杭州日报》	《台州日报》	《金华日报》	《丽水日报》	《黑龙江日报》	《西部法制报》	《福州日报》	《济宁日报》	《信阳日报》
数量	28	18	40	1	1	1	1	1	1	2	1	1

附带提及的是，我们也可以对所有报纸的报道作如下的分类：

通过表4，我们可以看出，在所有报纸的报道中，政法类报纸报道的篇数共有58篇，占总篇数的38%。这个数量表面有点少，但实际上已经不少了。因为在一般情况下，政法类报纸只报道政法类内容，而非政法类报纸可能既报道非政法类内容，也报道政法类内容。通过表2可以看出，国家级权威政法类报纸中，《法制日报》有16篇、《人民法院报》有15篇、《人民公安报》有7篇、《检察日报》有2篇。通过表3可以看出，地方级权威政法类报纸《浙江法制报》有18篇。这充分体现了“枫桥经验”

法的属性。

表4　政法类与非政法类报纸报道数（单位：篇）

总数	政法类（%）	非政法类（%）
152	58（38%）	94（62%）

第三节　分析结论及进一步的思考

由上述分析，我们基本可以得出结论：实证研究证明了理论论证的正确性，即“枫桥经验”是法的“大传统”与“小传统”互相结合的产物，“枫桥经验”是法的“大传统”与“小传统”相互结合的典范，也是法的“大传统”与“小传统”相互结合的经验。实证研究也间接证明了“枫桥经验”是法。

但是如果进一步分析，我们也会发现一些问题，有些甚至是比较重大的问题。例如，通过表2，我们就得思考：为什么对“枫桥经验”的报道，影响力较大的报纸报道总数为50篇，而影响力稍弱的报纸报道总数仅为6篇？通过表3，我们就得思考：为什么浙江省内的报纸报道有90篇，而浙江省外的地方级报纸报道只有6篇？而且，更让人困惑的是，在浙江省内报纸的90篇报道中，《浙江日报》《浙江法制报》《绍兴日报》占了86篇，其他报纸总共才4篇。这4篇分别报道在《杭州日报》《台州日报》《金华日报》与《丽水日报》。我们不禁要问，为什么同属浙江省的《宁波日报》《温州日报》《湖州日报》《衢州日报》一篇报道也没有？这只是一个偶然，还是有更深层次的原因？对这些现象，以中国重要报纸对“枫桥经验”的报道为对象的实证分析显然只能提出问题，而不能提供令人满意的解答。因而需要另选研究途径进行解答，笔者准备另撰文进行探讨。

最后需要说明的是，由于技术原因，笔者只是选取“中国重要报纸数据库”中2000~2009年输入主题词“枫桥经验”所搜得的152篇报纸报道为例进行分析，而且更为重要的是没有涉及报道内容本身，因而研究可能有不精确之处。但笔者坚信，这样的实证研究应该是很有意义的，它避免了学术研究与政策宣传相混淆，探索了重大政治经验的实证研究新方式，也有利于发现纯理论研究中不可能发现的一些新问题。

第四章

"枫桥经验"与"地方性知识"视角下的农村法治发展

选择地方性知识理论作为研究"枫桥经验"的视角，主要有以下几个方面的原因：第一，"枫桥经验"从诞生起，就体现了地方特色与国家政治力量的结合，其中含有浓郁的地方特色，符合地方性知识的研究前提，即地方特色。第二，"枫桥经验"从诞生起，有一个发生、发展的过程，这个过程的每一阶段都有其特殊的社会背景，但整个过程又有统一的内在逻辑、精神实质，这是地方性知识研究中另一个重要的内容。第三，对于"枫桥经验"的研究，学界虽然提出过要将"枫桥经验"上升为"枫桥理论"，甚至上升为"枫桥学派"，[①] 但对其从真正学术意义上进行研究的并不多。"'枫桥经验'也是一种文本。"[②] 对于这种文本，

① 关于此方面的研究，详见赵明达：《从"枫桥经验"走向"枫桥理论"》，载《浙江青年专修学院学报》2006 年第 4 期；周长康、杨燮蛟：《枫桥学派的形成与发展》，载《青少年犯罪问题》2010 年第 2 期。

② 蒋安杰、张学锋：《地方性知识能否成为普适性规则——各方评说"枫桥经验"对中国法治建设的价值》，载《法制日报》2007 年 11 月 25 日。

从地方性知识视角，以阐释学的方式进行研究可以说是真正学术意义研究的尝试。第四，地方性知识理论适合对“枫桥经验”进行研究。对于此点，笔者将在下文予以详细论证。

对于农村法治发展的研究，从理论与实践两个视角研究的成果已经很多，但从“地方性知识”视角开展研究的还不多见。而“地方性知识”对研究农村法治发展问题特别合适，将会使农村法治发展呈现出新的一面。正是基于此种考虑，本文选择研究“地方性知识”视角下的农村法治发展问题，近而来研究法治视野下的“枫桥经验。”

第一节　两种地方性知识理论综述①

一说起“地方性知识”，人们首先想到的往往是克利福德·吉尔兹的人类文化学的地方性知识理论。但不容忽视的是，在科学实践哲学里，也有一种地方性知识的理论，它就是作为科学实践哲学开创者的劳斯提出的地方性知识。这两种地方性知识理论有联系，更有区别。但两者对“枫桥经验”的研究都有着重要的价值，两者的结合才能真正全面地实现地方性知识视角下的“枫桥经验”研究。

一、克利福德·吉尔兹的地方性知识理论

克利福德·吉尔兹在《地方性知识：阐释人类学论文集》中的《地方性知识：事实与法律的比较透视》一文中说：“法律就

① 本部分内容曾发表，参见尹华广：《地方性知识视角的“枫桥经验”研究》，载《观察与思考》2013 年第 10 期。

是地方性知识；地方在此处不只是指空间、时间、阶级和各种问题，而且也指特色（accent），即把对所发生的事件本地认识与对可能发生的事件的本地想象联系在一起。"[①] 对于这段话，我们可以这样理解：地方性知识不仅与特定空间、时间、主体、问题相联系，而且同具体的情境相联系，即事情发生总有其特定的情境，并且这种情境也与特定的时间、空间、主体、问题直接联系。

克利福德·吉尔兹还举了几个关于地方性知识的案例：(1) 巴厘人按出生先后顺序为孩子命名。按照出生的顺序，孩子被命名为"头生的""二生的""三生的""四生的"，可到了第五个孩子又被命名为"头生的"，依次下去又是"二生的""三生的""四生的"。这并不能反映孩子真实的长幼之序，却与一年四季的自然循环相适应，有一种生生不息、循环无穷的意味。这就是一种地方性知识。（2）瑞格瑞格案。瑞格瑞格是巴厘岛某村村民，因妻子与人私奔，要求村委员会处理此事，村委员会以此事不属其管辖范围为由予以拒绝。之后，当按照规定应由瑞格瑞格担任本村委员会五人首领之一时，他以此为由拒不就任。这导致他受到全体村民的排斥，最后被逼疯。为什么会这样呢？因为在巴厘岛某村村民看来，"这个世界上的事物以及其中的人类都是分门别类的，有的是等级关系，有的是协作关系，但都分得清清楚楚，而其中不能归类者便搅乱整体结构，要么必须矫正，要么必须清除"。[②]

由此可以看出，克利福德·吉尔兹地方性知识至少有如下的

---

① ［美］克利福德·吉尔兹：《地方性知识：事实与法律的比较透视》，邓正来译，载梁治平主编：《法律的文化解释》（增订本），三联书店 1998 年版，第 126 页。

② ［美］克利福德·吉尔兹著：《地方性知识：阐释人类学论文集》，王海龙、张家瑄译，中央编译出版社 2000 年版，第 237 页。

特征：第一，它是一种比较而言的知识。相对中心而言，它往往是边缘的，相对主流而言，它往往是非主流的；相对于正式而言，它往往是非正式的。第二，它是一种有地方特色的知识。这里的地方特色，不仅与特定的空间、时间、主体、问题相联系，而且还同具体的情境相联系。

二、劳斯的地方性知识理论

在《知识与权力：走向科学的政治哲学》一书中，劳斯指出，“从根本上说科学知识是地方性知识，它体现在实践中，这些实践不能为了运用而彻底抽象为理论或独立于情境的规则”。①从此论述中可以看出，科学实践哲学意义上的地方性知识，不是指任何特定的、具有地方特征的知识，而是一种新型的知识观念。而且“地方性”或者说“局域性”也不仅是从特定的地域意义上说的，它还涉及在知识的生成与辩护中所形成的特定情境，包括由特定的历史条件所形成的文化与亚文化群体的价值观、由特定的利益关系所决定的立场和视域等。“地方性知识”的意思是：由于知识总是在特定的情境中生成并得到辩护的，因此我们对知识的考察，与其关注普遍的准则，不如着眼于如何形成知识的具体的情境条件。②

从上面的论述可以看出，劳斯的地方性知识具有如下特征：第一，一切知识包括科学知识都是地方性知识。因为所有科学知识都是作为具体的人的科学家在具体的情境中通过科学实践活动得出的，并且依据具体情境进行辩护。离开科学实践，知识不仅

---

① Rouse J. Knowledge and Power, Toward A Political Philosophy of Science. Ithnca and London: Cornell University Press, 1987, p. 119.

② 盛晓明：《地方性知识的构造》，载《哲学研究》2000 年第 12 期。

无法产生，而且也无法被理解、传递和辩护。[①] 第二，说知识的本性是地方性的，意在表明知识的产生、形成、传递以及辩护都与知识的情境相关，离不开具体的地方性情境。[②] 第三，依据地方性知识的观念，我们对知识的辩护只能伴随着知识的生成过程来进行，任何独立于生成过程的辩护都是无效的。[③]

克利福德·吉尔兹的地方性知识理论与劳斯的地方性知识理论存在一定的联系，如都强调知识是由特定的时空、情境形成的。但二者也存在重大的区别：克利福德·吉尔兹的地方性知识是与普遍性相对应的特殊性，是与中心相对应的边缘，是与正式相对应的非正式；而劳斯的地方性知识认为，普遍性是由作为地方性知识的特殊性形成的，离开了作为地方性的特殊性，根本就不存在普遍性。虽然克利福德·吉尔兹的地方性知识与劳斯的地方性知识有很大的不同，但运用二者的理论对"枫桥经验"进行研究，却有着同样的价值与意义。

第二节　克利福德·吉尔兹地方性知识理论视角下的"枫桥经验"解释[④]

克利福德·吉尔兹地方性知识理论强调的是与超越地方性知

① 吴彤：《两种"地方性知识"——兼评吉尔兹和劳斯的观点》，载《自然辩证法研究》2007 年第 11 期。

② 盛晓明：《地方性知识的构造》，载《哲学研究》2000 年第 12 期。

③ 张澜、鄢玉枝：《从地方性知识角度看西方独特价值的普遍性叙事》，载《江西社会科学》2006 年第 6 期。

④ 本部分内容曾发表，参见尹华广：《地方性知识视角的"枫桥经验"研究》，载《观察与思考》2013 年第 10 期。

识的东西的对应，主要体现为地域性、民族性、民间性等,[①] 所有这些都可以用地方特色进行总结。以克利福德·吉尔兹地方性知识为视角，对“枫桥经验”进行的研究，主要体现在两个方面：一是“枫桥经验”的地域性，二是“枫桥经验”的民间性。

一、“枫桥经验”的地域性

所谓“枫桥经验”的地域性，是指“枫桥经验”的产生与发展与经验的诞生地浙江诸暨枫桥有密切关联。[②] 浙江诸暨枫桥的哪些地域特点是导致“枫桥经验”产生的原因呢？笔者以为，主要有以下几点：

1. 传统文化与社会主义文化的结合

在1963年的社会主义教育运动中，枫桥地区的干部群众没有运用专政的方法，而是运用说理斗争的形式，将作为阶级敌人的“四类分子”改造成了社会主义新人，即以处理人民内部矛盾的方式，将敌我矛盾予以化解。之所以能做到这样，同枫桥地区是一个传统文化与社会主义文化结合之地有重要关系。由于传统文化，枫桥地区注重说理斗争，注重实用理性；由于社会主义文化，枫桥地区的干部群众有高度的政治敏锐性，能理解和自觉执行党作出的以处理人民内部矛盾的方式改造“四类分子”的政策。

枫桥地区的哪些传统文化与社会主义文化是导致“枫桥经

---

① 吴彤：《两种“地方性知识”——兼评吉尔兹和劳斯的观点》，载《自然辩证法研究》2007年第11期。

② 浙江诸暨枫桥，原为浙江省诸暨县枫桥区，现为浙江省诸暨市枫桥镇。当时对“四类分子”改造，在浙江省诸暨县枫桥区、浙江省绍兴市上虞县、浙江省杭州市萧山县三个地方进行试点，最终只有枫桥区试点成功。

验"产生的原因呢？从传统文化角度看，"以急公好义、爱说理好讼争为道德追求的理学文化，孕育和滋养了'枫桥经验'说理斗争的基本内涵和人文精神"。[①]"'枫桥经验'之所以诞生和发展于枫桥这块土地，这与枫桥及诸暨人的仁爱、侠义思想和爱说理、好讼争的文化传统是分不开的，是枫桥历史文化孕育和滋养的结果。"[②]从社会主义文化的角度看，"枫桥是越中较早接受新思想新文化影响和传播马克思主义的地方，其有光荣革命传统和较高思想觉悟的枫桥人民创造了'枫桥经验'"。[③]

在"枫桥经验"的诞生阶段，以处理人民内部矛盾方式解决敌我矛盾问题，这是党内从未有过先例的工作任务。按照已往的惯例，处理人民内部矛盾的方式只能用于处理人民内部矛盾，既然是敌我矛盾，那就得用处理敌我矛盾的方式来处理。对这样一个看似矛盾的工作任务，如果没有社会主义文化做支撑，就没有高度的政治敏锐性与政治坚定性，就不能理解与接受这个任务；如果没有中国传统文化做基础，想通过说理斗争的形式，即处理人民内部矛盾的方式，把绝大多数"四类分子"改造成为社会主义新人，将是心有余而力不足的。

2. 敢闯敢干的创新精神

枫桥及诸暨人有一种刚强之气，做事敢作敢当，因而经常能为人之先，这在绍兴市乃至浙江全省是人尽皆知的事实。在"四类分子"改造运动中，枫桥区干部群众创全国之先，以处理人民

---

① 金伯中：《论"枫桥经验"的文化底蕴》，载《公安学刊》2004年第3期。

② 金伯中：《论"枫桥经验"的文化底蕴》，载《公安学刊》2004年第3期。

③ 金伯中：《论"枫桥经验"的文化底蕴》，载《公安学刊》2004年第3期。

内部矛盾的方式将敌我矛盾予以处理。在为“四类分子”评审摘帽运动中，当全国的摘帽比例还只有3%时，至1978年9月，枫桥区已摘帽的“四类分子”便占总数的58.2%，并且培养表现好的“四类分子”子女入团、当干部，还送表现好的“四类分子”子女去当兵。进入21世纪，“枫桥经验”在民主法治方面有很多创新举措，如在民主方面创造了“三上三下”的民主决策机制。所谓“三上三下”，是指对重大村务决策坚持先党内后党外、先党员后群众和民主集中制的原则。首先，“一上一下”征集议题。根据上级党委政府的工作部署、本村的工作实际，村两委会考虑拟决策事项，上门入户广泛征求村民意见。其次，“二上二下”酝酿论证。村两委会分析汇总意见建议，提出建议方案，提交党员议事会、民主恳谈会（听证会）及专业部门对方案事项的必要性、可行性进行深入讨论、科学论证，进一步达成共识，完善方案。最后，“三上三下”审议决定。村两委会讨论确定方案，提交党员会议审议通过，经村民代表会议表决通过后组织实施。

3. 务实精神

枫桥及诸暨属于浙东地区，受历史上以“务实”精神著称的“浙东学派”影响很深。“浙东学派”是由明末清初的思想家黄宗羲所开创的一个学术派别，其重要特点就是“务实”，如“以农为本”是中国几千年封建社会的基本国策，而浙东学派却根据浙东地区的实际，提出了“工商皆本”的惊人理念。在“义利”观念上，传统中国文化一直主张“舍利取义”，而浙东学派中主张“义利统一”。①

“枫桥经验”受这种务实精神影响很深。在“枫桥经验”的

① 侯兆晓：《历史与文化——枫桥经验溯源》，载《民主与法制》2009年第1期。

诞生阶段，以处理人民内部矛盾的方式将“四类分子”改造好，还能增加劳动力，达到“发展农业生产的目的”,[①] 就是枫桥人一个非常务实的想法。

在“枫桥经验”的发展过程中，这种体现务实精神的例子俯首可拾。以人民调解为例，在枫桥镇人民调解中心，80%以上的调解员是由退居二线又热衷于调解的领导干部如副书记、副镇长等担任。为什么由退居二线的领导干部担任人民调解员呢？这主要有两个方面的考虑：一是他们曾担任过领导干部，在广大群众中有威信，他们调解案件群众愿意听，因而容易达成调解协议；二是他们曾担任过领导干部，镇、村两级中大多数干部都曾是他们的下属，当案件调解需要调动实际资源时，他们能够调动案件所需的资源，而一般调解员显然没有这个优势。

二、“枫桥经验”的民间性

对于“枫桥经验”的民间性，不少国内著名的法学学者都有论及。在谈到“枫桥经验”的定位时，中国人民大学张志铭教授认为，“枫桥经验”“与政府治理相比，它是一个民间治理”。谈到“枫桥经验”的价值取向、宗旨时，杭州师范大学范忠信教授认为，“强调民间力量”是它的重要价值取向与宗旨，“我们应注意弘扬民间调解，让民间力量发挥作用”。在谈到“枫桥经验”的启示时，北京师范大学教授卢建平认为，“民间独特优势必须要发挥”。北京大学教授贺卫方说：“‘枫桥经验’对我们的启示

---

① 许根贤著：《枫江红叶——枫桥经验产生和发展纪实》，群众出版社2004年版，第19页。

在于如何根据本地的乡情民情去治理。”①

“枫桥经验”是一种民间治理，强调民间力量，发挥民间优势，但这并不否认“枫桥经验”中政府治理、政府资源的存在，因为两者是相结合的。认为“枫桥经验”是民间治理，是从实质意义出发的，因为从严格意义上说，“枫桥经验”应该是以“小传统”为基础，由“大传统”介入而形成的一种“小传统”与“大传统”互相结合的产物。但其实质还是应该属于民间法或习惯法，属于“小传统”。② 这里的“小传统”也就是“民间治理”。“枫桥经验”民间治理的具体实例很多，下面举两例说明。

实例一：枫桥镇在每个村除选举两委会干部外，还选举若干个村民代表，然后根据村民代表数按相邻相近原则划分为相应数量的单元网格，每个村民代表直接联系一个网格内的所有农户，每个村两委干部通过联系若干村民代表，间接联系若干个网格内的所有农户。村民代表主要是针对联系户反映的信访问题和矛盾纠纷，当好“和事佬”和信息员的角色，做到“三必到”，即联系户有矛盾纠纷必到，联系户发生违法违规行为必到，联系户遇到重大生活变故必到，每年走访联系户两次以上。通过管理网格化与村干部、村民代表熟地熟人优势，实现矛盾纠纷早掌控，苗头问题早消化。

案例二：枫桥镇在全镇年销售 500 万元以上、职工人数 100 人以上的企业建立综治工作站，由企业法人任站长，企业党支部书记、中层干部和外来务工人员代表为成员。

---

① 蒋安杰、张学锋：《地方性知识能否成为普适性规则——各方评说“枫桥经验”对中国法治建设的价值》，载《法制日报》2007 年 11 月 25 日。

② 尹华广：《法的“大传统”与“小传统”相互结合的实证分析——以中国重要报纸对“枫桥经验”的报道为对象》，载《公安学刊》2010 年第 2 期。

第三节 劳斯地方性知识理论视角下的"枫桥经验"分析①

"枫桥经验"虽是地方产生的经验，但却具有普适性。五十多年来，一直是全国推广、学习的经验。对此，国内一些著名法学学者也有提及。例如，西北政法大学校长贾宇指出："有人说'枫桥经验'是发生在浙江这个发达的地区，不具有普适性和推广价值。我却不这么看。"北京师范大学教授卢建平明确认为："'枫桥经验'有一个普适性。"② 具有普遍性的知识或经验，又怎么会是一种地方性知识呢？如果是，它是一种什么样的地方性知识呢？劳斯的地方性知识理论认为，"离开特定的情境和用法，知识的价值和意义便无法得到确认"。③ 按照此种观点，任何具有普遍意义的知识实质都是地方性知识。只有地方性知识才是具体的，普遍性知识只不过是对地方性知识的抽象。知识是这样，经验也是如此。经验一经推广，人们往往将其视为普适性的，而忘记了经验产生的特定背景、内在的逻辑，这就容易使经验固化、僵化，失去其作为经验的本来意义。从地方性知识视角研究经验，就是要研究经验产生的时代背景、经验产生的内在逻辑以及经验的精神实质。

---

① 本部分内容曾发表，参见尹华广：《地方性知识视角的"枫桥经验"研究》，载《观察与思考》2013年第10期。

② 蒋安杰、张学锋：《地方性知识能否成为普适性规则——各方评说"枫桥经验"对中国法治建设的价值》，载《法制日报》2007年11月25日。

③ 盛晓明：《地方性知识的构造》，载《哲学研究》2000年第12期。

那么“枫桥经验”产生的时代背景是什么？其内在的固有逻辑是什么？其精神实质是什么？这是我们从劳斯的地方性知识理论视角研究“枫桥经验”必须要回答的问题。

一、“枫桥经验”产生、发展的时代背景

“枫桥经验”自1963年诞生至今已有五十多年，经历了产生、推广、发展、创新四个不同的阶段。[①] 每个阶段的内容各不相同。之所以不同，与每个时代的背景不同密切关联。

1. 产生阶段

“枫桥经验”产生于20世纪60年代，当时国际国内形势严峻。国际形势是：中苏关系严重恶化，中印边境发生军事冲突。国内形势是：国家刚刚经历三年困难时期；台湾地区的蒋介石在美国支持下企图“反攻大陆”，国内的反动势力与国际反华势力相互结合，大造反华舆论。在此特定背景下，如何教育改造地主、富农、反革命分子、坏分子等“四类分子”，成为摆在全党和全国人民面前的一个重大任务。1963年2月，中共中央决定在全国农村范围内普遍开展社会主义教育运动。同年5月，毛泽东提出把绝大多数“四类分子”改造成社会主义新人的任务。同时中央决定，在这次运动中，除民愤很大的现行犯必须立即逮捕法办以外，对有破坏活动的“四类分子”基本上实行“一个不杀，大部不捉”的方针，即提出了以处理人民内部矛盾方式来处理敌我矛盾的方针。枫桥地区的干部群众最终通过说理斗争的方式将“四类分子”改造好了，创造了改造“四类分子”的典型经验。

---

① 对于“枫桥经验”的发展阶段，不同标准可以作出不同的划分。本文自划分主要借鉴史济锡：《创新“枫桥经验” 推进法治建设 构建和谐社会》，载《政策瞭望》2006年第9期。

2. 推广阶段

三年困难时期，农业人口大量涌入城市，流窜作案突出，这给城市的管理造成了巨大困难。面对这一难题，1965 年，枫桥地区的干部群众运用“枫桥经验”的精神，采用“三管”方法，即“管头”，做思想工作；“管脚”，防止外逃；“管肚皮”，安排好劳动和生活的方式，解决了流窜犯的问题，创造了就地改造流窜犯的经验。20 世纪 70 年代中期，由于受“文化大革命”的影响，青少年犯罪十分严重，成为当时严重的社会问题。枫桥地区的干部群众借鉴改造流窜犯的做法，创造了帮教失足青少年和一般违法人员的经验。1979 年，中央下发了（79）5 号文件，即《关于地主、富农分子摘帽问题和地、富子女成分问题的决定》，在全国范围内开展为“四类分子”评审摘帽的活动。枫桥在全国率先开展了这项工作，并进行了总结，创造了为“四类分子”评审摘帽的经验。

3. 发展阶段

20 世纪 80 年代前后，由于社会转型刚刚开始，中国刑事犯罪率高，民间纠纷大量增加，人民内部矛盾不断产生。在此背景下，1979 年 11 月，彭真主持召开全国城市治安工作会议，提出了社会治安综合治理的战略思路。针对新时期的背景与新时期的历史任务，枫桥地区的干部群众坚持“组织建设走在工作前、预测工作走在预防前、预防工作走在调解前、调解工作走在激化前”的“四前”工作机制，创造了“党政动手，各负其责，依靠群众、化解矛盾、维护稳定，促进发展，做到小事不出村，大事不出镇，矛盾不上交”的成功经验，实现了“矛盾少、治安好、发展快、社会文明进步”的良好局面。“枫桥经验”发展成为社会治安综合治理的一个典范。①

4. 创新阶段

进入21世纪后，我国进入全面建设小康社会的新时期，一些体制性、机制性、结构性的深层次矛盾开始凸显，群众维护自己利益的诉求不断高涨，民主、法治意识不断增强。在此背景下，枫桥地区的干部群众在坚持发展经济的同时，充分发挥基层群众自治组织的作用，加强基层民主法治建设。②“枫桥经验”成为维护社会和谐稳定的成功经验。

二、“枫桥经验”的内在逻辑与精神实质

通过上面的分析，我们可以将“枫桥经验”的内在逻辑总结为：始终把握时代的脉搏，围绕党和国家的中心工作任务，以预防与化解矛盾为轴心。在“枫桥经验”的诞生阶段，时代的脉搏是在国际、国内形势极为复杂、紧急的情况下，如何最大限度地调动一切积极力量，削弱敌人的力量，以处理人民内部矛盾方式处理敌我矛盾，将绝大多数“四类分子”改造成为新人，这也是当时党和国家的中心任务，“枫桥经验”很好地解决了这个时代的问题。另外，“四类分子”也不仅仅是“四类分子”本人的问题，“四类分子”有家庭、有亲戚朋友，“四类分子”一个人“戴着帽子”，影响的是一大批人。在“枫桥经验”推广阶段，时代的要求与党和国家的中心工作任务就是如何就地改造流窜犯、如何帮教失足青少年与一般违法犯罪人员，为“四类分子”评审

---

① 史济锡：《创新“枫桥经验” 推进法治建设 构建和谐社会》，载《政策瞭望》2006年第9期。

② 汪世荣著：《枫桥经验：基层社会治理的实践》，法律出版社2008年版，第5页。

摘帽。"枫桥经验"把握住了这些时代的要求，创造性地完成了党和国家的中心工作任务。在"枫桥经验"的发展阶段，时代要求搞好社会治安，为改革开放、为以经济建设为中心创造良好的社会环境，做好社会治安综合治理工作。"枫桥经验"把握住了这个时代脉搏，成为社会治安综合治理的典范。在"枫桥经验"的创新阶段，时代面临的问题是如何解决体制性、机制性、结构性等深层次问题，如何满足人民群众日益高涨的权利意识、民主意识，如何以法治的思维、法治的方式解决农村基层的问题，这也是党和国家的中心任务。"枫桥经验"根据时代的要求和党的中心工作任务，涌现出一系列民主法治的典型经验，使之成为维护社会和谐稳定的经验。在这四个阶段中，始终贯穿着一根轴心，就是预防、化解矛盾。每个阶段的经验的具体内容都不同，但其轴心却都是预防、化解矛盾。

此外，可以将"枫桥经验"的精神实质总结为"实事求是"与"创新"两点。"实事求是"是指"枫桥经验"随着时代的发展而发展，一切从当时当地的实际情况出发，而不是人云亦云。"枫桥经验"从来不是为了经验而创造经验，都是根据大的时代背景、国家需要、社会需要、自身工作需要而实干出来的经验。有很多的经验，甚至是形势倒逼出来的，如前面提到的枫桥法庭的《调解劝导书》。因为法庭人少案多，办案人员每天忙于审案，还是有办不完的案件，而且审理案件的质量也不高。而通过实施《调解劝导书》以后，70%以上的案件都通过人民调解结案，只有不到30%的案件在法庭审理结案。这既减轻了法院审案的压力，又保证了审案的质量，还维护了社会的和谐。这种倒逼出来的经验，正是"枫桥经验"实事求是的真实写照。"创新"是指"枫桥经验"根据不同的时代背景、不同的中心工作而研究新思路、探索新方法、完善新机制、形成新经验。可以说，创新是

“枫桥经验”的生命力之所在。“枫桥经验”之所以历经五十多年仍然是党和国家高度关注的一个经验，就在于“枫桥经验”的创新。“枫桥经验”总能创造出适应时代要求、把握时代脉搏的新经验，而这些新经验又总是党和国家解决中心任务所急需的经验。这也是为什么与“枫桥经验”同时代的“农业学大寨”“工业学大庆”的经验逐渐消退，而“枫桥经验”却历久弥新的极其重要的原因。总之，“实事求是”与“创新”是“枫桥经验”的精神实质，是“枫桥经验”的灵魂。

第四节　“枫桥经验”：“地方性知识”视角下的农村法治发展

克利福德·吉尔兹的人类文化学的地方性知识理论与劳斯的科学实践哲学的地方性知识理论强调的是地方性知识的两个不同方面。克利福德·吉尔兹的地方性知识理论强调的是知识的地方特色，劳斯的地方性知识强调的是知识产生的具体情境。这两者并不矛盾，而是相互补充的。当然，克利福德·吉尔兹的地方性知识中也包含了知识产生具体情境的内容，但其前提是，地方性知识是与超越地方性的知识相对应的，其情境只能是地方特色下的情境。而劳斯的地方性知识与此不同，它没有与地方性知识相对应的超越地方性的知识。在劳斯看来，地方性知识本身亦是普遍性的，普遍性知识只是对地方性知识的抽象，是用另一种视角来观察地方性知识。[①]

很显然，“枫桥经验”是适合克利福德·吉尔兹的人类文化学的地方性知识理论与劳斯的科学实践哲学的地方性知识结合进行研究的，也必须结合进行研究。因为，一方面，“枫桥经验”具有克利福德·吉尔兹地方性知识所说的地方特色。笔者主要从地域性、民间性两个方面研究“枫桥经验”的地方特色。另一方面，从全国范围来说，“枫桥经验”是一个普遍性的经验，不存在与“枫桥经验”相对应的超越“枫桥经验”的经验。因而，单纯以克利福德·吉尔兹的地方性知识中的“具体情境”研究“枫桥经验”并不合适，只有将劳斯的地方性知识研究“枫桥经验”与之相结合才是恰当的。所以，两者结合才能从完整意义上的地方性知识视角研究“枫桥经验”。当然，要特别说明的是，笔者对克利福德·吉尔兹与劳斯的地方性知识理论主要是借用，[②] 而不是简单的套用。

通过研究，笔者得出的结论是：“枫桥经验”是一种地方性知识，它既具有克利福德·吉尔兹地方性知识理论中的地方特色，主要表现为地域性与民间性；同时，它也具有劳斯地方性知识理论的情境特点，主要体现为“枫桥经验”是根据具体时代背景而产生的，它有自己的内在逻辑与精神实质。

在得出“枫桥经验”是一种地方性知识的结论后，我们就可在创新、学习、推广、研究“枫桥经验”中充分运用和发挥“枫桥经验”的地方性知识特色。正是基于此种考虑，本节主要研究

---

① 这有点类似于马克思主义所说的任何事物都是特殊性与普遍性的统一，只不过没有马克思主义观点那样清楚明晰。

② 对地方性知识理论“借用”的文章可参阅朱俊瑞、赵宬斐：《浙江基层民主的本土化累积及创造性转换——以吉尔兹“地方性知识”理论为视角》，载《浙江学刊》2012 年第 5 期。

“地方性知识”视角下“枫桥经验”中的农村法治发展。

一、研究农村法治发展的重要性

随着我国农村社会经济的发展，农村法治的作用越来越重要，农村法治发展也显得越来越紧迫，主要表现在：第一，农村法治发展是转型期农村社会经济发展的客观需要。随着我国经济社会发展进入新的阶段，在广大农村地区，一些深层次、结构性的矛盾开始显现。与此同时，农民的民主意识、法治意识也不断增强。在此背景下，传统的治理模式已不能满足新形势的需要，需要新的治理模式与治理方法。其中，农村法治是新的治理模式、新的治理方法之一。第二，农村法治发展是追赶城市法治发展，实现国家法治发展水平均衡化的需要。虽然我国早已提出依法治国，建设社会主义法治国家的治国战略，但不可否认的是，我国农村法治发展水平还是远远落后于城市的。这不但影响了农村的治理，也影响到了全国法治发展水平的均衡化。在农村法治发展中，固然离不开国家法的主导地位，但是作为“地方性知识”的民间法也起着国家法所不能替代的作用，而且在当前社会转型期，其作用尤为明显。第三，农村法治发展是解决广大农村地区法治实效的需要。长期以来，在农村法治实践中，农民法律意识淡薄，“法律是法律，事实是事实”仍是司空见惯的现象。法律的表达与实践①之间存在巨大的差距，这是不争的事实。但作为“地方性知识”的村规民约，能弥补这种缺陷。基于此，笔者以“地方性知识”为视角，对“夏履程序”“乡村典章”“八郑规程”等“枫桥经验”中农村法治发展的实践进行探讨，以期

① 参见［美］黄宗智著：《民事审判与民间调解：清代的表达与实践》，中国社会科学出版社 1998 年版。

对浙江乃至全国的农村法治发展有所助益。

二、“地方性知识”与农村法治的关系

（一）农村法治基本理论概述

所谓农村法治，是指在维护国家法治统一的前提下，充分运用法律手段管理农村的各项事务，以保障农业经济的持续发展和广大农民的正当利益，进而为农村的改革、发展和稳定提供强有力的法律保障。

农村法治是我国社会主义法治不可或缺的重要组成部分，是以我国的广阔农村为适用范围的区域法治系统，以维护农业生产在国民经济中的基础性地位为根本，以保护广大农民的正当利益为重心。[①]

（二）农村法治的“地方性”特色

从农村法治基本理论概述与“地方性知识”理论梳理中可以看出，农村法治应至少具有以下三个方面的“地方性”特色：

1. 农村法治的地域性特色

所谓农村法治的地域性特色，是指农村法治与其产生、发展的地域有密切关联。具体而言，与该地域的地理环境、人文环境密切相关。

2. 农村法治的民间性特色

所谓农村法治的民间性特色，是指在农村法治的发展过程中，强调民间治理，强调民间力量，发挥民间优势。具体而言，指更多地发挥民间法、习惯法、村规民约等法的“小传统”的

① 李昌麒著：《中国农村法治发展研究》，人民出版社 2006 年版，第 23～25页。

作用。

3. 农村法治的内在逻辑性特色

所谓农村法治的内在逻辑性特色，是指农村法治的产生、发展有其特定背景、有其固有规律，不会因人的意志改变而改变。

三、“地方性知识”视角下的“枫桥经验”中的农村法治发展

以“地方性知识”为视角，“枫桥经验”农村法治发展的经验有很多，本文选取“枫桥经验”中的村规民约、“夏履程序”、“乡村典章”、“八郑规程”四个绍兴基层经验最为典型的实例进行实证分析。

（一）村规民约

针对当时因缺乏政策法规依据和行事规范而产生的民间矛盾纠纷，枫桥镇选择陈家村为试点，与中南财经政法大学联合开展了“枫桥经验”与社会主义法治型新农村建设项目研究。重点建立《村民自治章程》，修订新型村规民约。

陈家村修订后的村规民约包括了四大类事务和十四小类章程（规约或公约）。四大类事务是：政治事务、经济事务、治安事务与文明建设。十四小类章程（规约或公约）是：村民自治章程、村民会议及村民委员会组织章程、村籍管理规约、村务公开规约、土地及建房管理规约、财务管理规约、治安与消防规约、纠纷预防与调解公约、外来建设者管理规约、计划生育规约、卫生与环保公约、婚丧喜庆事务公约、家庭关系公约、公益与慈善事业管理规约。①

陈家村通过建立《村民自治章程》，修订新型村规民约，在

---

① 详见《浙江省诸暨市枫桥镇陈家村村规民约》。

村级政治事务、经济事务、利益分配、公共事业等方面建立起一整套符合政策法律的规章体系，并在全镇推广，初步形成了村民依法民主自治的良好局面。

(二)“夏履程序”

“夏履程序”是由绍兴县夏履镇率先在全镇推广的一套程序。2004年，“夏履程序”率先在夏履镇莲东村试点，六套程序以图表的形式上墙公开，简单明了，使每个村民都知道自己享有的权利和怎样运用手中的权利。莲东村在年初确定当年规划时，村民参与率达到98.6%。以村干部公务消费补贴的形式取代过去村级招待费按实报销的办法，2005年全镇实际支出142680元，同改革前相比减少了148450元，下降51%，深受群众的好评。① 自实施“夏履程序”后，该镇无越级访、集体访、重复访现象，也没有一件因村干部问题而产生的信访。夏履镇已多年成为市级信访“三无镇”。

所谓“夏履程序”，就其实质而言，就是“以制度治村，按程序办事”。凡涉及村民利益的事项，以保障村民“知情权、参与权、决策权、监督权”为核心，按照一系列村级民主管理制度，设定村民自治路径。村两委会根据这一流程，在一定时限内，按程序有步骤地逐一实施。从而使村级民主管理真正趋于制度化、程序化、规范化。

“夏履程序”按村务的不同内容细分为六套程序，具体如下：

程序一，年度规划、重大政策、工程项目。征求村民意见→收集梳理意见→村两委会提出初步方案→民主听证→党员大会讨论→村民代表会议表决→村务公开。

程序二，集体资产经营。村两委会提出意见→（1）非大额

① 夏履镇人民政府《村级民主管理手册》（内部资料），2006年3月。

度：党员大会通报→股东代表通报→村务公开；（2）大额度：党员大会讨论→股东代表讨论→村民代表会议表决→村务公开。（注：非大额度指收支1万元以下的项目。承包经营方案和10万元以上集体资产经营项目要进行民主听证。）

程序三，村干部报酬、误工费补贴。（1）村在编干部报酬：镇结算出现任奖、效益奖→党员和股东代表、村民评议→当场公布评议结果→村务公开；（2）误工补贴：村两委会提出方案→村民代表表决→党员和股东代表、村民评议→当场公布评议结果→村务公开。

程序四，村干部公务消费补贴。村两委会依据政策提出方案→村民代表表决→上报核准→村务公开。

程序五，招投标。招投标领导小组提出方案→村理财小组、监督小组、股东代表讨论（1万元以下项目直接通报，1万至10万元项目进入党员会讨论）→民主听证→党员大会讨论→村民代表表决→公告（50万元以上项目交县招投标中心）→投标→签订合同→村务公开。（注：项目实施后由监督小组全程监督，待工程验收后提出决算方案向党员、村民代表队通报，再村务公开。）

程序六，财务审批。合法原始凭证由经手人、证明人签字→理财小组审核→审批人签字→出纳报销→会计代理站监督核算→财务公开。

（三）“乡村典章”

“乡村典章”是绍兴新昌人民的创举，发源于沙溪镇董村。“董村典章”的出台具有一定的历史偶然性。2003年，5个自然村合并为1个董村行政村后，由原来5个自然村的村干部组成的村新班子成员相互之间不完全熟悉。在村务决策中，许多村干部往往站在自己自然村的立场上说话，缺乏大局意识，工作一度很难开展，老百姓意见相当大。原来就担任上董村支部书记的董村现任书记俞春国萌发了要建立严格的规章制度来规范村级权力运行的想法。在沙溪镇和新昌县领导的支持和牵头下，一部根据《党章》《村民委员会组织法》等法律法规的规定，结合董村实际而制定的"董村典章"应运而生，并于2004年9月19日由董村村民代表、党员会议表决通过正式生效。"董村典章"成为董村村民制度治村的"根本大法"。新昌现已在全县所有行政村推广实行这套典章，又名"乡村典章"。

"董村典章"共8章24条，内容涵盖了村务决策、村务管理、村务监督、村规民约等各个方面。具体内容：第一章为"总则"，阐述了制定典章的目的和依据。第二章为"组织体制"，主要界定村里各个组织的职能和相互关系。第三章为"村务决策"，主要涉及各个决策机构的权限、决策程序、决策形式等方面。第四章为"村务管理"，主要包括人事管理、财务管理、印章管理和日常管理四个内容。第五章为"村务监督"，主要涉及党务公开和村务公开两项内容。第六章为"责任追究"，对要追究责任的情形及怎样进行责任追究作出明确规定。第七章为"村规民约"，为村民实行自我民主管理村庄的制度保障。第八章为附则。

（四）"八郑规程"

"八郑规程"因发源于嵊州市三界镇八郑村而得名。八郑村为三界镇第一大村，共778户2765人。该村地处丘陵地带，风光秀美，经济社会发展态势良好，但在乡村社会转型期间，由于利益矛盾开始凸显，村庄治理也曾出现过一些问题。较为突出的就是村治模式不够规范、不够透明、不够民主，干群关系一度十分紧张，据说曾发生过村民因对村干部作风不满意而导致聚众群殴的事件。面对转型期农村社会出现的新问题、新考验，当地创造出了以"八项民主制度、八大工作流程"为主要内容的"八郑规程”。它以相关法律法规为依据，将民主制度、操作程序、规范运作和群众监督有机结合，建立起一个比较系统、全面、规范的民主治村模式，给新时期乡村治理模式提供了新的思路。2006 年 7 月，“中国村庄治理模式”论坛在嵊州举行，探讨这一新生政治事务的价值和影响，“八郑规程”引起了人们的广泛关注。“八郑规程”中的“八项制度”是指：民主选举制度、村务决策制度、财务管理制度、工程招投标制度、村务公开制度、民主管理监督制度、村干部“谈听评”制度、村干部工作追究制度；“八大工作流程”是：选举流程、村务决策流程、财务管理流程、招投标工作流程、村务公开流程、村务监督流程、“谈听评”流程和村干部责任追究流程。

（五）总结与分析

“枫桥经验”中的村规民约、“夏履程序”、“乡村典章”、“八郑规程”四个绍兴基层经验最为典型的实例，充分体现了农村法治的地方性特色。

1. 绍兴农村法治发展的地域性特色

笔者在本章第二节提到，绍兴属于浙东地区，受历史上以“务实”精神著称的“浙东学派”影响很深。浙东学派主张“义利统一”，[①] 同样，绍兴农村法治发展也是“务实”精神的体现。

“枫桥经验”中的村规民约，针对当前因缺乏政策法规依据和行事规范而产生的民间矛盾纠纷而制定；“厦履程序”针对村民村务民主管理的需求而设；“乡村典章”针对村务决策不统一而立；“八郑规程”针对村治理模式不够规范、不够透明、不够民主，干群关系一度十分紧张而产生。这说明了绍兴农村法治发

① 侯兆晓：《历史与文化——枫桥经验溯源》，载《民主与法制》2009 年第 1 期。

展是因实践的需要而产生的，并不是为了“经验”而“经验”，具有明显的“务实”精神，体现了浓厚的绍兴特色。

2. 绍兴农村法治发展的民间性特色

法有“大传统”与“小传统”之分。一般而言，“大传统”指国家法，即由国家权力机关制定的法律，它的实施空间可以是城市也可以是农村；“小传统”指民间法，即由民间自发产生的风俗、习惯、规约等，它一般与国家公权力没有关联，实施空间一般只在农村或在城市的民间团体、组织中。

与上述一般情形不同，绍兴农村法治发展是以“小传统”，即村民自己制定的村规民约、“程序”、“典章”、“规程”为基础，由“大传统”即国家基层权力介入，其介入方式有事前介入与事后介入两种。“枫桥经验”中的村规民约、“厦履程序”属于事前介入，它们先由基层政权选择试点单位，试点成功后，再予以推广；而“乡村典章”“八郑规程”则相反，它们先由民间创造，再由基层政权予以总结推广。总之，它们是“小传统”与“大传统”互相结合的产物，但其实质还是属于民间法或习惯法，属于民间治理，属于“小传统”。

3. 绍兴农村法治发展的内在逻辑性特色

从绍兴农村法治发展的四个经验来看，首先，它们有共同的时代背景，即中国社会转型。由于社会转型，基层社会的纠纷由婚姻家庭纠纷、邻里纠纷、生产纠纷、遗产纠纷等传统型纠纷向村务管理问题引发的纠纷、非正常信访引发的纠纷、群体性事件引发的纠纷、环境污染引发的纠纷等方向发展。与此同时，农民的民主意识、法治意识也不断增强。在这种内外因的相互作用下，农村法治产生实属必然。其次，它们有共同的运行机理，都是以民间为基础、为主体，而由基层政权予以辅助、推广。它们都是民间社会治理的重要组成部分，都是顺应历史潮流而生，又走在历史潮流前头的“新事物”。最后，绍兴的农村法治之所以能够产生与发展，是与绍兴当地的干部群众坚持群众路线、坚持实事求是、坚持创新有密切关系的。

四、充分尊重和运用“地方性知识”，创新“枫桥经验”，促进农村法治发展

通过以上的分析，我们可以得出“农村法治”是一种“地方性知识”的结论。如何充分尊重和运用“地方性知识”，推进农村法治的发展？笔者认为，可以从以下几个方面着手：

（一）立足本地特色，创新“枫桥经验”，推进农村法治发展

“地方性知识”最显著的特色是地域性，地域性包括多个方面，地域特色是其应有之义与重要内容。地域性特色主要包括地理特色与人文特色。我国地域广阔，每个地方的特色各不相同，有些地方甚至完全相反。“地方性知识”理论提示我们，在推进农村法治发展时，必须充分发挥这些地方特色，为我所用，而不要让其成为推进农村法治发展的阻碍。正如有学者指出的，“就中国法治现代化的发展模式而言，我们应当基于对法律是一种地方性知识的认识前提下，在具体考察我国国情即特定的历史条件和特定文化背景下所形成的法律情境的基础上，向内寻求法治本土资源的自觉现代化，向外移植先进制度及先进理念，从而推动法治现代化进程的全方位、深层次展开”。①

具体而言，在制定农村的村规民约等民间法的模式上，应该考虑到地方特色。例如，有的地方民间文化发达，讲理风气长期

① 张斌、潘晶：《论法律与地方性知识——兼论中国法治现代化的发展模式》，载《当代法学》2003 年第 10 期。

盛行，那么在制定民间法时，公权力的参与可以少些。有的地方如绍兴的枫桥镇，其地方特色是传统文化与社会主义文化结合得很好，农民既有务实精神又有敢闯敢干的精神，那么在制定民间法时，就可让公权力多参与、指导。当然，在内容和执行方式上都会当然地反映地方特色。

（二）充分发挥民间力量，创新“枫桥经验”，推进农村法治发展

“地方性知识”的另一个重要特征是民间性。从某种意义上说，民间性即群众性，也就是如何发挥群众路线的优越性问题。在 2013 年“纪念毛泽东同志批示学习推广‘枫桥经验’50 周年”的大会上，中央提出将“群众路线”与“法治思维”结合起来。充分发挥民间力量，推进农村法治发展，正是“群众路线”与“法治思维”在农村的结合。两者的结合，既要相信群众，一切为了群众、一切依靠群众，又要一切以法律为依据，一切以法律为准绳。当然，民间力量与群众路线还是有一定区别的，民间力量基本上没有公权力的因素，而群众路线是公权力如何运用民间力量的问题。法治思维与农村法治也有区别，一个是思维方式，一个是法治在农村的实现与运用。要注意两者的联系，也要注意两者的区别。

（三）坚持创新、实事求是，创新“枫桥经验”，推进农村法治发展

“地方性知识”还有一个重要特征即内在逻辑性。任何“地方性知识”在其具体范围内都有其内在逻辑。任何“普遍性知识”都是“地方性知识”的扩大与推广。从此种意义上说，我们要在“地方性知识”的指导下进行创新，实事求是地推进农村法治发展。

首先是创新。所谓创新不是为了创新而创新，而是要根据"地方性知识"的要求，根据本地的实际情况，根据现实的需要进行创新。在谈到如何尊重与发挥"地方性知识"，推动我国法治发展时，有学者说，"我们要关注中国民间法的研究和利用，注重我国法治本土资源的扬弃，增强民族自信心；在实践上有助于我们法治建设的良性发展，我们要充分继承好我国传统的优秀法律本土资源，同时要吸收民间法中行之有效的东西，促进我国法治的完善"。[①] 这里谈的是"地方性知识"与法治的问题，当然也适合于"地方性知识"与农村法治。

其次是实事求是。所谓实事求是，是指从实际对象出发，探求事物的内部联系及其发展的规律性，认识事物的本质。针对农村的实际推进农村法治发展，一是要有实用性，要解决当地当前实际问题；二是要有简略性，主要表现为条文简单、处理事项有限、形式简单等方面；三是要有稳定性，不能朝令夕改，否则就如同一张废纸，根本得不到遵守；四是要效果好，只有效果好，才会提高其被农民自愿遵守的积极性，否则会遭到大多数农民的抵制，其效力最终也会丧失。

（四）扬长避短，创新"枫桥经验"，发挥"地方性知识"在推进农村法治发展中的积极作用，避免其消极作用

"地方性知识"在推进农村法治发展中，有积极和消极两个不同方面的作用。其积极作用主要表现在：让人们在发展农村法治时，注意到农村法治的地域特色、民间特色及其内在发展逻辑。从哲学的角度分析，这是注重了农村法治发展的特殊性；从法律的角度分析，这是注重了农村法治发展的本土资源。关于法

---

① 刘青山：《格尔茨的"地方性知识"对中国法治建设的启示》，载《中国石油大学胜利学院学报》2012 年第 2 期。

治发展过程中本土资源的重要性，苏力教授曾作过精彩的论述：“中国的法治之路必须依靠中国人民的实践。而不仅仅是几位熟悉法律理论或外国法律的学者、专家的设计和规划，或全国人大常委会的立法规划。中国人将在他们的社会生活中，运用他们的理性，寻求能够实现其利益最大化的解决各种纠纷和冲突的办法，并在此基础上在人们的互动中（即相互调整和适应）逐步形成一套与他们的发展变化的社会生活相适应的规则体系。”① 这虽然是针对一般意义的法治而言的，但很显然对作为一般法治重要组成部分的农村法治发展也适用。其消极作用表现在：容易忽视全国农村法治发展的全局性、整体性，形成“各自为战”的局面。从法律的角度分析，这是忽视了农村法治发展的可移植资源；从哲学的角度分析，这是忽视了农村法治发展的普遍性。我们要注重扬长避短，发挥“地方性知识”在推进农村法治发展中“本土资源”“特殊性”的正面作用，而避免其忽视“可移植资源”“普遍性”的负面作用。

---

① 苏力著：《法治及其本土资源》，中国政法大学出版社 1996 年版，第 19 页。

第二编
主体编

第五章

“枫桥式公安派出所”

第一节　全国首批 100 个“枫桥式公安派出所”

2019 年 11 月 28 日晚，首批“枫桥式公安派出所”命名揭晓仪式在公安部报告厅隆重举行。为深入学习贯彻习近平总书记关于坚持和发展“枫桥经验”的重要指示精神，经中央批准，公安部于 2019 年年初部署全国公安机关开展创建“枫桥式公安派出所”活动。仪式现场，浙江省诸暨市公安局枫桥派出所历任 19 位派出所所长中的 10 位来到现场。其他 9 位因去世或年迈多病不能前来的所长，其照片同时展现在大屏幕上。①

全国首批 100 个“枫桥式公安派出所”北京市有 3 个，分别

① 《首批“枫桥式公安派出所”命名揭晓仪式在京举行》，载中国警察网，2019 年 11 月 29 日。

是：北京市公安局西城分局牛街派出所、北京市公安局海淀分局海淀派出所、北京市公安局东城分局朝阳门派出所。天津市有2个，分别是：天津市公安局宝坻分局林亭口派出所、滨海新区公安局板厂路派出所。河北省有5个，分别是：唐山市公安局路南分局福乐园派出所、保定市公安局莲池区分局联盟路派出所、邯郸市公安局丛台区分局苏曹派出所、平山县公安局西柏坡派出所、永清县公安局曹家务派出所。山西省有2个，分别是：太原市公安局万柏林分局和平南路派出所、长治市公安局潞州区分局东大街派出所。内蒙古自治区有2个，分别是：鄂托克旗公安局苏米图派出所、呼伦贝尔市公安局海拉尔分局正阳街派出所。辽宁省有3个，分别是：沈阳市公安局和平分局西塔派出所、大连市公安局经济技术开发区分局哈尔滨路派出所、抚顺市公安局望花分局雷锋派出所。吉林省有2个，分别是：长春市公安局南关分局清明街派出所、敦化市公安局官地派出所。黑龙江省有3个，分别是：哈尔滨市公安局道外分局东莱街派出所、齐齐哈尔市公安局富拉尔基分局红岸派出所、林甸县公安局红旗派出所。上海市有3个，分别是：上海市公安局浦东分局周浦派出所、上海市公安局宝山分局顾村派出所、上海市公安局长宁分局北新泾派出所。江苏省有5个，分别是：苏州市公安局姑苏分局观前派出所、南京市公安局秦淮分局夫子庙派出所、南通市公安局崇川分局和平桥派出所、高邮市公安局菱塘派出所、扬中市公安局新坝派出所。浙江省有5个，分别是：诸暨市公安局枫桥派出所、杭州市公安局下城区分局长庆派出所、岱山县公安局罗家岙派出所、德清县公安局阜溪派出所、义乌市公安局上溪派出所。安徽省有3个，分别是：合肥市公安局庐阳分局逍遥津派出所、黟县公安局宏村派出所、宿州市公安局埇桥分局三里派出所。福建省有3个，分别是：三明市公安局三元分局白沙派出所、福州市公安局鼓楼分局东街派出所、厦门市公安局思明分局莲前派出所。江西省有3个，分别是：井冈山市公安局茨坪派出所、南昌市公安局青山湖分局京东派出所、玉山县公安局岩瑞派出所。山东省有6个，分别是：沂水县公安局马站派出所、威海市公安局环翠分局孙家疃边防派出所、济南市公安局历下区分局泉城路派出所、淄博市公安局淄川分局般阳路派出所、滨州市公安局滨城分局彭李派出所、肥城市公安局桃花源派出所。河南省有4个，分别是：新密市公安局城关派出所、永城市公安局陈集派出所、辉县市公安局洪洲派出所、兰考县公安局坝头派出所。湖北省有3个，分别是：武汉市公安局江岸分局百步亭派出所、枝江市公安局顾家店派出所、赤壁市公安局车埠派出所。湖南省有4个，分别是：长沙市公安局高新分局雷锋派出所、韶山市公安局韶山冲派出所、资兴市公安局东江派出所、永州市公安局零陵分局徐家井派出所。广东省有4个，分别是：深圳市公安局龙岗分局宝岗派出所、广州市公安局海珠分局南华西派出所、佛山市公安局南海分局黄岐派出所、汕头市公安局龙湖分局金园派出所。广西壮族自治区有3个，分别是：南宁市公安局青秀分局中山派出所、桂林市公安局秀峰分局白龙派出所、贵港市公安局港南分局江南派出所。海南省有1个，是海口市公安局秀英分局石山派出所。重庆市有3个，分别是：重庆市公安局渝中区分局大阳沟派出所、重庆市公安局巴南区分局花溪派出所、涪陵区公安局敦仁派出所。四川省有6个，分别是：都市公安局青羊区分局黄瓦街派出所、成都市公安局锦江区分局春熙路派出所、泸州市公安局江阳区分局龙透关派出所、北川羌族自治县公安局永昌派出所、雅安市公安局雨城区分局河北派出所、南充市公安局顺庆区分局西城派出所。贵州省有3个，分别是：桐梓县公安局新站派出所、贵阳市公安局观山湖分局金岭派出所、锦屏县公安局隆里派出所。云南省有 3 个，分别是：德钦县公安局羊拉派出所、昆明市公安局盘龙分局金沙派出所、腾冲市公安局五合派出所。西藏自治区有 2 个，分别是：拉萨市公安局城关分局娘热派出所、安多县公安局扎仁镇派出所。陕西省有 3 个，分别是：西安市公安局阎良分局凌云路派出所、子洲县公安局马蹄沟派出所、合阳县公安局金水派出所。甘肃省有 3 个，分别是：兰州市公安局七里河分局小西湖派出所、镇原县公安局城关派出所、天水市公安局秦州分局东关派出所。青海省有 1 个，是西宁市公安局城中分局南川东路派出所。宁夏回族自治区有 1 个，是银川市公安局兴庆区分局新华街派出所。新疆维吾尔自治区有 2 个，分别是：昌吉市公安局建国路派出所、乌鲁木齐市公安局沙依巴克区分局红庙子派出所。新疆生产建设兵团有 1 个，是第三师图木舒克市城区公安局旗杆桥派出所。铁路公安系统有 2 个，分别是：上海铁路公安局上海公安处虹桥站派出所、南昌铁路公安局福州公安处福州车站派出所。国家移民管理机构有 1 个，是云南出入境边防检查总站怒江边境管理支队独龙江边境派出所。

第二节　枫桥派出所历史沿革

“枫桥式公安派出所”的源头在浙江省诸暨市公安局枫桥派出所。枫桥派出所现有民警 27 名，协辅警 70 人。枫桥派出所实行“一室两队三站”的勤务模式，即综合指挥室、执法办案中队、社区警务中队，配套枫桥镇 3 个管理区，设置镇东、镇南、镇西 3 个警务站。建所以来，枫桥派出所一代又一代民警自觉践行党的群众路线，大力弘扬“枫桥经验”，先后被国务院和公安部命名为“人民满意的派出所”，涌现出 7 名“全国优秀人民警察”和1名“中国优秀青年卫士”。党的十八大以来，枫桥派出所紧扣时代脉搏，始终坚定一个目标，牢固树立两个理念，紧紧围绕三项重点，着力打造四个基地，认真实施新五小工程，建立完善六项机制，构建了枫桥警务模式，[①] 为形成“矛盾不上交、平安不出事、服务不缺位”的新时代“枫桥经验”贡献了自己的力量。

要了解“枫桥式公安派出所”，就要先了解浙江省诸暨市公安局枫桥派出所的沿革及其典型经验。

1950年7月，枫桥派出所始设于枫桥镇青年街34号一幢老楼房内，初期因剿匪任务需要配置警力12人，其中公安民警6人、公安武装警察6人。1956年上半年，枫桥派出所因故被撤销，治安保卫工作由县公安局特派员负责行使。1963年年底，毛泽东同志对“枫桥经验”作出批示后，诸暨县公安局在枫桥镇重设派出所。1968年6月，因受“文化大革命”砸烂“公、检、法”的影响，公安机关实行军事管制，枫桥派出所即停止工作。1971年，中共中央发文重新肯定“枫桥经验”后，枫桥派出所再次挂牌恢复工作。1990年5月，枫桥派出所搬入位于枫桥镇紫薇村附近的办公楼办公。2002年11月，搬入现在的办公大楼。

20世纪50年代，枫桥派出所治安管辖区域包括枫桥区的枫桥、栎江、新枫、东一、东三、齐东、乐山、视北、永宁、东和、东溪、赵家、金王、梅岭、舞凤15个公社（乡镇）185个行政村，共有民警12名。20世纪60年代至1986年8月，治安管辖区域与20世纪50年代相同，但民警人数只有6名。1986年8月至1992年8月，赵家派出所建立后，原枫桥区的赵家、东和两镇乡划归赵家派出所管辖，此时枫桥派出所民警有6~8名。1992

① 具体内容详见本书本章第四节。

年8月至1994年6月，撤区扩镇并乡、公安建立一乡一所后，原枫桥区的东一、齐东、视北3个乡归东一、齐东（全堂）、阮市派出所管辖，此时枫桥派出所民警人数为10~14名。1994年6月至2004年4月，枫桥建立中心派出所，东一、齐东2个派出所及其管辖区域重新并入枫桥派出所，此时枫桥派出所民警人数为17~20名。2004年4月至2009年7月，赵家派出所并入枫桥派出所，赵家、东和2个乡镇再次划归枫桥派出所管辖，此时枫桥派出所民警人数为22~29名。2009年7月，恢复赵家派出所，赵家、东和2个乡镇划归赵家派出所管辖。2009年7月至今，枫桥派出所民警人数一直维持在22~29名。枫桥派出所从成立至今共有19任所长，他们分别是——第一任：寿保泰，任职时间为1950年7月至1952年9月。第二任：李乃道，任职时间为1952年9月至1953年10月。第三任：周耕初，任职时间为1953年10月至1955年3月。第四任：康文业，任职时间为1955年3月至1956年3月。第五任（当时称公安特派员）：魏仲尧，任职时间为1957年1月至1964年1月。第六任：王霞德，任职时间为1964年3月至1968年11月。第七任：严茂才，任职时间为1971年8月至1977年8月。第八任：何水根，任职时间为1977年8月至1977年12月。第九任：王光焕，任职时间为1977年12月至1981年12月。第十任：寿仲华，任职时间为1981年12月至1990年5月。第十一任：汤永法，任职时间为1990年5月至1993年5月。第十二任：鲍诸山，任职时间为1993年5月至1995年11月。第十三任：阮晓辉，任职时间为1995年11月至2000年4月。第十四任：朱建阳，任职时间为2000年4月至2001年1月。第十五任：张营，任职时间为2004年8月至2009年4月。第十六任：蒋其，任职时间为2009年4月至2012年3月。第十七任：傅海林，任职时间为2012年3月至2013年3月。

第十八任：石国红（女），任职时间为2013年3月至2017年1月。第十九任（现任）：杨叶峰，2017年1月至今。

第三节　枫桥派出所的探索创新

“枫桥经验”不仅是综合治理、平安建设的一面旗帜，更是实践党的群众路线的一面旗帜。枫桥派出所始终坚持依靠群众、组织群众、发动群众，把“枫桥经验”作为维护社会治安和推进公安工作的一个法宝，在各个时期，积极探索基层公安工作的新路子，不断创新基层公安群众工作的新特色，在与时俱进中续写新的篇章。

一、继承传统，夯实基层基础

（一）坚持“五有五必”的治保组织工作制度

从20世纪60年代开始，历经50多年的探索实践，枫桥派出所形成“五有五必”基层治保组织规范化建设管理工作特色。“五有”是指：有稳定的基层治保组织，有固定的治保工作场所，有完整的治保工作档案，有规定的治保工作待遇，有规范的治保工作制度。“五必”是指：凡任满15年以上的治保干部必发给荣誉证书并落实养老保险；凡治保干部生病或有特殊困难必上门看望并尽力帮助；凡治保干部因工作遇打击报复的必须坚决及时查处；凡逢年过节必统一上门慰问治保干部；凡做出显著成绩的，必及时建议上级部门给予表彰奖励。稳固的基层治保组织成为枫桥派出所联系群众的桥梁。该工作经验曾得到公安部和省市公安机关的肯定和推广。

（二）坚持“三帮三延伸”的教育转化模式

从20世纪70年代开始，枫桥派出所坚持组织依靠群众，积极探索就地改造流窜犯和帮教失足青少年的工作方法；20世纪80年代，开始探索“月访季考年评”和“民警包尖子、乡镇干部包重点、其他人员帮一般”的帮教工作制度；20世纪90年代以来，创新“三帮三延伸”的教育转化工作机制。“三帮”是指：帮人要帮心，帮人要帮富，帮人帮到底。“三延伸”是指：帮教进监狱，事先向监狱延伸；帮教重实效，事中向生产生活延伸；帮教讲长效，事后向巩固提高延伸。这些做法都得到了上级公安机关的肯定。

（三）创造“四前工作法”和“四先四早工作机制”

20世纪90年代以来，枫桥派出所运用“枫桥经验”的基本精神，创造了预防化解矛盾的“四前工作法”和“四先四早”工作机制，辖区矛盾纠纷基本得到就地化解。“四前工作法”是指：组织建设走在工作前，预测工作走在预警前，预防工作走在调解前，调解工作走在激发前。“四先四早”工作机制是指：预警在先，苗头问题早消化；教育在先，重点对象早转化；控制在先，敏感时期早防范；调解在先，矛盾纠纷早处理。

（四）坚持“五个一”为主导的网格化治安防控体系

枫桥派出所运用“枫桥经验”基本精神，按照“突出集镇、辐射农村”的思路，开展了以“建好一个电子监控网、组建一支专业巡（消）防队、设置一批路口治安岗亭、建设一批社区警务点、创建一批公共的安全村”为主体的“五个一”平安创建活动，形成“点上控、面上巡、卡点守、社区防”的群防群治新模式。

二、积极探索，创新群众警务

（一）"枫桥式"群众警务发展历程

20 世纪 90 年代末期，枫桥派出所借鉴城市社区警务的理念，运用"枫桥经验"的基本精神，坚持专群结合的工作方针，率先开展以构建平安为重点的农村社区警务管理模式。2002 年以后，派出所结合综治网格化管理要求，按照农村不同社区的不同治安特点，在偏远社区建立中心集聚警务模式，在集镇边缘社区建立"一区一警、一村一员"警务模式，在治安复杂重点村建立"一村一室一员"警务模式，逐步做到警力下沉，阵地前移。经过十多年的有效实践，逐步形成了具有枫桥特色的群众警务模式，得到了上级公安机关的肯定。

（二）"枫桥式"群众警务模式

"枫桥式"群众警务模式是以党的群众路线为指导，以公安部提出的社区警务战略为发展方向，运用"枫桥经验"的基本精神，探索形成的以"农村社区为平台、基础信息为引领、群众工作为主题、人民满意为目标"的具有时代特征的农村社区管理警务模式。其具体做法是：

1. 搭建警务平台——将派出所建到群众家门口

为了实现警务前移到底，让群众感受到派出所就建在家门口，派出所以"一网一站建警区、一村一点设阵地、警务政务相融合"为原则搭建警务平台。依托枫桥镇 3 个行政管理网格，分别建好 3 个警务站、25 个村级警务工作点，形成了以"行政管理区为依托、社区警务站为中心、村级警务点为支撑"的"派出所把面、警务站管片、警务点控村"的群众警务新格局。

2. 优化警力配置——让民警融入社区走进群众

为有效破解社区民警“下不去、沉不住”的工作难题，按照“警力下沉最大化、一区多警进社区、社会力量做补充”的原则，派出所共配置专职社区民警12人，同时由政府保障落实48名协(辅)警；每个警务站配备3~6名社区专职民警和4~8名专职协(辅)警，在每个行政村的警务工作点配备1名平安专管员，形成“点、块、面”统分结合的警力布局。

3. 强化警务保障——为民警开展群众工作提供支持

为了更好地破解社区民警“不专心，不专职，不专业”的工作难题，枫桥派出所按照“警务装备配齐全、综合制度做保障”的原则，在每个警务站配置用于应急处置的警务车辆，给每个社区民警与辅警配备了警用电瓶车、公安信息联网便携电脑、多功能警务通等基本警务装备，强化社区民警出得去、能联络、可联动的警务功能。并建立了与社区警务相配套的综合运行、统分结合、警务联动、信息共享等7大警务运行机制，完善社区民警学习培训、应急备勤、情况通报、服务群众等11项工作制度。以明确社区民警“专心在社区、专职做基础、专业抓管理”的工作定位，形成“勤务有规章，运行有秩序，管理求实效”的勤务运行机制。

4. 明确警务导向——把满足群众需求作为第一要务

按照信息警务的发展导向，派出所要求社区民警以掌握社情民意作为第一要务，采取上门走访、警民恳谈、问计于民、网络沟通等多种形式广泛收集社情民意。将社情民意的梳理分析与信息警务有机结合，通过每日例会、每周分析、每月综合研判，对社情民意和警情信息进行深度应用，主导警务活动，并通过信息预警引导群众加强安全防范，使民意需求转化为群防群治的动力，真正让“警务跟着民意走，民警围着群众转”。

5. 构建警务机制——走专群结合的人民治安道路

枫桥派出所发扬传统优势，通过健全完善110应急联动、矛盾纠纷联调、社会治安联防、特殊人群联管等机制，充分依靠和借助民力解决社会治安问题，在社区警务中重点构建了多项常态化的专群结合工作机制。

第一，“网格化管理、组团式服务”基础管理机制。派出所将枫源村首创的“网格化管理、组团式服务”民主治村管理机制与社区警务活动相融合，积极依靠村两委会、人口专协管员、应急信息员、安全监督员、驻村指导员等社会资源组成网格化基础警务管理组，向村民小组与农户延伸。通过网格联系责任人经常走访群众，掌握社情民意，化解所联农户的一般矛盾纠纷，实行网格化管理、责任化联户，力求做到“家庭琐事不出户、邻里纠纷不出组”。

第二，“乡村110”快速反应机制。枫桥派出所针对一些社会矛盾纠纷反应处置不快导致“小事拖大、易事拖难、矛盾激发”的实际问题，建立起所内值班接处警组、社区民警、驻村平安专管员和村级治调人员构成的三级处警网络。按照“就地出警、就近处置、就快处理”的原则，一旦社区发生警情，所信息指挥中心即依托警用地理系统，指令就近的社区民警和平安专管员赶赴警情现场，并视情况联系相关村的治调人员就近跟进处置，充分发挥当地平安专管员和治调人员情况熟、关系熟的特殊优势，将矛盾纠纷有效地控制化解在源头。

第三，“老杨调解”工作机制。2010年4月，枫桥派出所成立了以全国优秀人民警察杨光照的姓名命名的“老杨调解中心”，专门解决村级组织和社区民警移交的疑难纠纷。调解中心采取专职调解员常驻调解、特邀调解员“点菜式”“预约式”调解、社区民警和村级调解员配合调解的办法，充分运用说理调解和真情感化等方法，对疑难纠纷进行攻坚。每年调解案件达150多起，调解成功率达98%以上，调解满意率达100%。

老杨倡导的调解工作有“四千”精神和“四心”素质。“四千”精神是：访千家万户，说千言万语，吃千辛万苦，想千方百计。“四心”素质是：对待群众要真心，化解矛盾要尽心，说服群众要耐心，服务群众要热心。

第四，“案件两级调查审核和分流处理”工作机制。枫桥派出所对构成案件但无法当场调解的案件矛盾纠纷，按照“重调查、快处理”的原则，由值班领导和分管所领导及时会商，组织相关民警分别开展案件调查取证和案件审核。在查清案情的基础上，根据案件的不同情况分别移交调解或依法处理。

6. 追求警务目标——以“四心服务”创建和谐警民关系

第一，推行“阳光执法”让群众放心。根据规范化建设的总体要求，在完成执法办案功能区改造的基础上，创新执法理念，推行说理执法和公开执法，建立起一套较完整的“阳光执法”规范体系，全面提升派出所执法公信力。

第二，优化服务形象，让群众舒心。枫桥派出所先后推出了亲情式服务（说好每一句话、办好每一件事、接待好每一名群众）、预约式服务、一站式服务、节假日办证绿色通道、首问责任制等一系列优质服务，使派出所亲民爱民的形象得以提升，群众满意率不断提高。

第三，扎实工作作风，让群众知心。为使社区民警真正练就“走得进群众家门、坐得下群众板凳、拉得起群众家常、帮得上群众求助”的群众工作基本功，使社区群众充分享受到“派出所建在家门口、民警就在我身边”的优质警务服务，派出所要求社区民警学习和掌握好全国优秀人民警察杨光照在社区警务工作中总结出的“六字工作法”，即“快、公、活、勤、帮、靠”，以扎实的工作作风让群众满意。

第四，搭建互动平台，让群众同心。枫桥派出所依托“警民恳谈，开门纳谏”等活动和搭建互联网门户网站、微博、报纸、流动警务车、安全防范体验区、公民警校等平台，要求民警与群众开展“面对面”沟通、“键对键”服务、“手把手”示范，实现警民零距离互动。

第四节　“枫桥式”现代警务模式的创建

党的十八大以来，枫桥派出所牢记习近平总书记对公安工作提出的“对党忠诚、服务人民、执法公正、纪律严明”“政治建警、改革强警、科技兴警、从严治警”的要求和坚持发展“枫桥经验”的系列重要指示精神，始终坚持以创建人民满意派出所为第一目标，牢固树立“警务围着民意转、民警围着百姓转”两大理念，紧紧围绕“多元化解决矛盾、全时空守护平安、零距离服务群众”三项重点，着力打造“枫桥经验”学习基地、平安类社会组织孵化基地、安全防范体验基地、平安法治教育基地四个基地，认真实施“破小案、办小事、解小忧、帮小忙、惠小利”新五小工程，建立完善“全方位服务群众机制、常态化警民沟通机制、立体化治安防控机制、深层次警民协作机制、多元化矛盾调处机制、精细化科学考核机制”六大机制，形成了具有时代特征和地方特色的枫桥警务模式，为创新发展新时代“枫桥经验”作出了积极贡献。

一、坚定第一目标，把握新时代人民满意新定位

枫桥派出所自觉坚持“以人民为中心”的发展理念，正确把

握新时代群众路线基本内涵，始终坚定“创建人民满意派出所”目标不动摇。一是紧紧抓住党的群众路线这条主线。坚持一切为了群众，一切依靠群众。为了群众，就是把群众当主人、当亲人；一切依靠群众，就是把群众当老师、当靠山，做到公安工作面向群众。二是把群众需求作为警务工作风向标。坚持专门工作与群众路线相结合，聚焦辖区群众的所思所想、所期所盼，做到公安工作心系群众。三是以人民满意为价值追求。把“群众高兴不高兴、答应不答应、满意不满意”作为评判警务工作的根本标准，开门评警，做到警务评判交给群众。

二、确立两大理念，构建民意导向警务新模式

枫桥派出所牢固确立“警务围着民意转、民警围着百姓转”的工作理念，着力构建民意导向型警务新模式。一是警务融入民众。配套设置 3 个警务站，在 29 个行政村均建立警务工作点，配备 16 名专职社区民警和 35 名辅警，建立 24 小时“门不关、灯不灭、人不空”的全日制警务机制，着力推动警务前移，做人民群众的“邻家好警察”。二是决策尊重民意。把进村入户走访作为社区民警的基本任务，定期开展以“议安全防范、议矛盾调处、议案件办理、议法治宣传、议警务监督、创平安社区”为主题的平安议事活动，既广泛收集社情民意，又及时处理各类问题，做到决策从群众中来，为了群众决策。三是制度落实为民。建立抽样回访制度，每周电话回访民警纪律、工作作风、服务态度等方面的内容，确保警务行为受群众监督。2017 年，辖区群众对枫桥派出所民警的工作满意率达到 99.6%以上，实现了警务工作的“零”投诉。

三、围绕三项重点，增强创建平安和谐新能力

枫桥派出所把坚持发展新时代“枫桥经验”与创建“平安特色小镇”有机统一起来，努力做到“矛盾不上交、平安不出事、服务不缺位”。一是多元化化解矛盾。枫桥派出所会同综治、司法行政部门建立覆盖全域的人民调解、司法调解、行政调解网络，强化专业调解，实行“三调”融合。2013 年至 2017 年，全镇矛盾纠纷总量从最高的 1064 起减少到 680 起。二是全时空守护平安。抓住“平安特色小镇”创建契机，统筹群防群治力量，借助现代科技手段，组织开展多种形式的平安创建活动，提升智能防控能力水平，努力以社区“小平安”积累辖区“大平安”。2013 年至 2017 年，全镇刑事发案由 331 起下降到 133 起，4 年下降 60%，年均下降 20. 4%。三是零距离服务群众。派出所服务窗口与镇行政服务中心实施合署办公，128 项公安业务可在服务窗口一次办理。在警务站设立 24 小时警务自助服务区，方便群众随时办理常规证件。在 29 个村级服务中心设立公安代办点，由社区民警提供 5 大类 58 项警务的预约、代办、上门等服务，切实做到一网办、就地办、马上办、一次办。

四、打造四个基地，激发基层社会治理新活力

枫桥派出所以打造基层社会治理示范点为目标，积极推进“四个基地”建设。一是建好“枫桥经验”公安史迹馆，打造传承型学习教育基地。升级改造“枫桥经验”公安史迹馆，与梁焕木纪念馆、“三上三下”民主决策创设地枫源村等合作，设立公安机关群众工作创新实践基地，深入开展“枫桥经验”传统教育、新老民警传帮带、拜群众为师“三堂课”教育实践活动，引

导全所民警牢固树立“迈进枫桥派出所大门槛，先过群众工作这一关”的群众观念。二是建好红枫义警工作站，打造示范型平安类社会组织孵化基地。2017 年，由镇南警务站引导培育的“红枫义警协会”现有会员 119 人，共参与法制宣传和大型安保 130 余次，开展社会救援 18 次，排除安全隐患 30 余次，化解矛盾纠纷 17 起，协抓犯罪嫌疑人 13 名，《人民日报》和《人民公安报》分别对此作了头版报道。2018 年，枫桥派出所推动建立的“红枫义警工作站”，已培育平安公益类社会组织 9 家、人员 700 余人。三是建好安全防范体验馆，打造开放型公民安防体验基地。全新打造总面积 980 平方米，集“全日开放、综合服务、安防体验、警民交流”功能于一体的安防体验馆，充分运用文字图片、声控影像、场景演示、知识竞赛、实景体验等多元形式，让群众参与安防体验，提高全民安全自防意识和能力。四是建好平安法治文化园，打造互动型的法治文化活动基地。协同党委政府将原“法治公园”升级为“平安法治文化园”，在文化园内建设平安广场、法治长廊、村训家训展墙、文化宣传屏幕、义警亭等项目，联合知名乡贤、律师、法官、调解员、社区民警组成“平安法治教育宣讲团”，整合 18 支民间文艺团队组织开展宣传巡演，成为平安法治建设的一道亮丽风景。

五、实施新五小工程，满足服务群众新需求

枫桥派出所牢固树立“群众利益无小事”的理念，全面实施新“五小工程”。一是破小案。立案有标准，案件无大小，最小的案件也与群众利益密切相关，坚持把多破小案多追赃作为民心工程纳入民警绩效考核，教育引导民警既要办大案，也要破小案。2017 年，共破刑事、治安等各类案件 387 起，帮助群众挽回损失 127 万元。二是办小事。民警眼里的小事，可能就是群众心

头的大事，派出所推出以“发好小卡片、搞好小研判、讲好小案例、当好小律师”等10个方面内容为主题的“十小十好”警务竞赛，鼓励民警多做警务小事，用小警务保障大民生、推动大平安。三是解小忧。密切关注消防隐患、邪教渗透、黑恶势力等破坏安定有序社会环境、影响人民群众小康生活的各类问题，及时开展防范宣传、打击整治等行动。特别是针对农村居住出租房屋管理一直以来存在消防安全隐患多、流动人口管理难的特点，创新开展“红枫居”管理模式，有效破解管理难题，解决群众后顾之忧。四是帮小忙。成立“雷厉枫行”志愿服务团队，积极开展平安志愿活动。2017年以来，组织开展寻找走失老人、送证上门、野外抢险、事故救援等活动139次，以“帮忙不添乱”的作风彰显了枫桥民警的真情大爱。五是惠小利。教育民警牢记不与群众争利，保障群众权益，调动社会组织开展惠民活动，把便民小举措惠及更多的群众，增强群众的获得感、幸福感。

六、建立六大机制，促进基层警务能力新提升

枫桥派出所以全面提升服务群众水平和工作综合效能为目的，科学建立六大勤务运行机制，全面保障各项举措落地见效。一是全方位服务群众机制。始终坚持想群众之所想，急群众之所急，所领导班子建立了“分管警务站、联系行政村、挂钩社会组织”的工作制度；警务站实施24小时勤务，社区民警推行“错时错班”式勤务；积极实行代办服务、24小时自助服务等便民举措，切实打通服务群众的“最后一公里”。二是常态化警民沟通机制。要求民警每周走访辖区群众20户以上，每月向辖区群众通报辖区治安状况，每季度组织一次警民恳谈会，每年召开一次述职评议大会。通过常态化沟通互动，群众普遍反映，现在能喊出民警名字的村民多了，能叫出村民名字的民警也多了，“民警

经常来，村里的狗都不叫了”。三是立体化治安防控机制。推进“雪亮工程”建设和 RFID 射频、人脸识别等物联网技术应用，全力构建“基础+网格”“传统+科技”“专业+智慧”的智能防控新格局。主动融入基层治理 4 个平台和全科网格服务体系，由社区民警兼任网格长负责本网格综合治理工作。深入开展社区民警送平安系列主题宣传、警民恳谈活动，营造全民防控氛围。四是深层次警民协作机制。以“红枫义警”为典范，大力培育发展平安类社会组织和志愿者队伍。同时，加强与专业团体、行业协会的沟通协作，创建基层社会治理共建共治共享新局面。五是多元化矛盾化解机制。依靠党委政府，在全镇建立村级主要领导兼任治保、调解主任制度，在派出所建立所领导、警务站长、社区民警三级责任调解机制，完善“警调衔接”机制建设，发挥“老杨调解中心”品牌效应，推动“红枫义警”“枫桥大妈”等社会组织参与调解，最大限度地形成工作合力，就地化解矛盾。六是精细化科学考核机制。以人民满意作为评判和衡量警务工作的根本标准，以办事服务、走访群众、信息采集、化解矛盾等作为重点内容，科学制定社区民警工作考核评估办法，实行“月度工作、季度平安、年度满意”3 张责任清单，引导社区民警把主要时间精力放在服务群众和基础防控工作中。

第六章

"枫桥式人民法庭"

第一节　枫桥人民法庭的历史沿革

20世纪60年代，诸暨枫桥的干部群众创造了"枫桥经验"，得到毛泽东同志的赞赏并亲笔批示在全国推广。"枫桥经验"在五十多年的创新发展中薪火相传，历久弥新，被不断赋予新的时代内涵，已经成为全国创新社会治理模式，实现社会和谐稳定的一面旗帜。近年来，地处"枫桥经验"发源地的枫桥人民法庭，不断深化发展"枫桥经验"，延伸司法职能，充分利用社会资源，最大限度地将矛盾纠纷解决在基层和萌芽状态，既有效缓解了案多人少的矛盾，又有力维护了社会的和谐稳定。

枫桥人民法庭，辖枫桥、赵家两镇和东和一乡，辖区面积300多平方公里，常住人口约15万，外来人口2万多，地处"枫桥经验"发源地。枫桥人民法庭紧紧围绕"提供优质服务，便利群众诉讼，源头预防纠纷，就地化解矛盾"的总体目标，始终坚持改革创新精神，不断丰富、创新、发展"枫桥经验"。

“枫桥经验”最大的亮点便是矛盾化解，而化解矛盾最优的方式，便是“调解”。枫桥人民法庭创新开展司法服务，着力用多元化的调解方式，解决人民群众的纠纷矛盾。

为方便当事人进行法律咨询和诉讼，枫桥人民法庭因地制宜，建立诉讼便民中心，集多元化诉讼服务于一体，提供个性化“点单”式法律服务。其中包括“诉前劝导站”先行调和、“诉讼引导站”简化手续、“法律指导站”援助弱势、“信访疏导站”释法明理。

枫桥人民法庭创新发展调解机制，做好诉调对接工作，充分运用各种调解方式，积极引导案件通过非诉渠道解决。主要有视频远程调解，足不出户将矛盾解决。还有乡贤调解、“大妈”调解等，让社会精英、邻里“大妈”来“主持公道”。

枫桥人民法庭在当地设立 3 个指导调解工作室，8 个指导调解联络站，联合各方调解；严格开发“三前三调”工作机制，确保调解工作的有序化、规范化、法治化。

与专业调解员建立微信、QQ 交流群，实现矛盾预防和纠纷化解的良性互动。同时，每月两次对调解员进行专业“加油”培训。

枫桥人民法庭因地、因人制宜，把法庭开到群众中间，把法律带到百姓身边，开放法治课堂，主动邀请人大代表、政协委员监督工作。

纪念毛泽东同志批示学习推广“枫桥经验”40 周年前后，枫桥人民法庭将“枫桥经验”与法院工作相结合，创造性地提出了“四环指导法”，即诉前普遍指导、诉时跟踪指导、诉中个别指导、诉后案例指导。在该方法的指导下，2003~2004 年枫桥人民法庭案件数量大幅下降。2003 年案件数量下降到 726 起，2004 年案件数量下降到 500 多起，且 70%以上的案件都通过调解得以解决。

纪念毛泽东同志批示学习推广“枫桥经验”45周年前后，随着城镇化进程的加快，各类新矛盾不断涌现。枫桥人民法庭在“枫桥经验”的指导下，探索总结出了两项新经验。第一项是“开展诉讼调解双行制”，使枫桥人民法庭的调撤率一直保持在70%以上。第二项是“首创人民调解劝导制”，由法庭的调解劝导员向当事人进行劝导，并出示法庭精心制作的《调解劝导书》，讲明人民调解的优势、步骤等，劝导当事人选择非诉方式解决纠纷。《调解劝导书》在枫桥人民法庭矛盾纠纷解决的过程中起到了非常重要的作用。

纪念毛泽东同志批示学习推广“枫桥经验”50周年前后，枫桥人民法庭不断创新，形成了独具一格的人民法庭建设体系，创新“四三五”基层司法工作机制，推行“三度联调法”和“五时执行法”，使法庭一审民事可调撤率、民事调解自动履行率始终保持在80%和60%以上。

2018年纪念毛泽东同志批示学习推广“枫桥经验”55周年暨习近平总书记指示坚持发展“枫桥经验”15周年，枫桥人民法庭主动融入党委政府中心工作，不断创新多元化纠纷解决机制，加强基层治理，促进社会和谐稳定。探索总结出了两项主要经验：第一，推出特色调解法。依托辖区内丰富的社会组织资源，设置多个特色调解工作室参与化解矛盾，如“大妈调解室”“乡贤调解室”“行业调解室”“律师调解室”等。第二，推广在线化解法。依托互联网+技术，大力推广ODR（Online Dispute Resolution）平台和移动微法院。提供线上线下结合，形式多样、快速便捷的指尖诉讼和掌上办案，助力“枫桥经验”从“小事不出村”升级到“解纷不出户。”

第二节 枫桥人民法庭坚持的民本司法理念

在工作中，枫桥人民法庭始终坚持“一二三”民本司法理念，即“树立一个意识（服务意识）、把握两个方面（内部挖潜、外部借力）、注重三个提升（工作能力、审执质效和办案效果提升）”，不断实践“四三五”基层司法工作机制，即庭内设立诉讼便民中心四站点（诉前劝导站、诉讼引导站、法律指导站、信访疏导站），推行“三度”诉调同向调解机制（庭前审查诉辩合理度、庭中引导对基本事实的认同度、庭后把握判决方式结案的基准度）和“五时”执行法（催办及时、联系适时、走访定时、支付及时、注重平时），深入贯彻调解优先、调判结合的工作原则，积极构建“枫桥式”法庭工作模式，切实提高调撤率、服判息诉率，全力提升审执质效。

一、始终树立一个意识，即树立群众观点强化服务意识

“枫桥经验”源于群众又服务于群众，实质是就地化解矛盾，走群众路线的经验。无论是20世纪60年代“矛盾不上交，就地解决”的成功经验，还是当今“枫桥式”大调解体系的建设，相信群众、依靠群众、问计群众的工作方法都是开展各项工作的法宝。在社会矛盾化解、社会治理创新、公正廉洁执法三项重点工作的推进中，枫桥人民法庭切实践行“为大局服务、为人民司法”的工作主题，牢固树立群众观点，切实强化服务意识，自觉把履行职责变为为群众办实事、解难题、化忧虑的有效途径。

（一）强化服务意识，设立便民中心

为传承发展“枫桥经验”，延伸司法审判职能，方便当事人

进行法律咨询和诉讼，枫桥人民法庭率先试行“一中心四站点”的工作模式——枫桥人民法庭诉讼便民中心，内设“诉前劝导站”“诉讼引导站”“法律指导站”“信访疏导站”。诉前劝导站，是对前来起诉的案件，了解纠纷产生的原因，区分案件实际，引导当事人进行诉前调解程序。为当事人指定人民调解员，联系对方当事人进行调解。对涉及婚姻家庭、子女赡养扶养、邻里矛盾等具有一定人身依附性的案件，在调解纠纷的同时，对双方当事人开展教育，引导当事人正确对待矛盾，灌输“以和为贵”的理念，避免因生活琐事引发不必要的矛盾。诉讼引导站，是对诉前调解不成的案件，由引导站的工作人员针对当事人的主张及案件实际，向当事人发放《立案须知》和《诉讼指南》，详细告知立案的注意事项及诉讼、执行的相关法律程序规定，提示诉讼风险。法律指导站，是针对部分案件当事人文化程度低、诉讼能力较弱，不清楚如何起诉、应诉的实际，负责对其开展法律指导工作。帮助原、被告双方对其提交的诉讼材料进行归类整理，并进行初步审查，针对其法律适用方面的疑问当场进行解答，详细告知其相应的法律法规规定。信访疏导站，主要是考虑到人民法庭审理的案件往往诉讼标的额较小、法律关系较为简单，为避免多次诉讼激化当事人的矛盾，同时减少当事人的讼累，改变以往处理案件一判了之、不服上诉的做法。在人民法庭内设立信访疏导站，对经人民法庭依法判决的案件，当事人不服或者不理解的，主动对当事人开展面对面的判后答疑、释法明理工作，告知其裁判的依据及理由，引导当事人正确面对判决结果。便民中心坚持以人为本，坚持就地化解矛盾，坚持诉讼引导，坚持调解优先，坚持快捷高效的原则，为人民群众提供纠纷调解、诉讼引导、法律咨询、判后答疑等人性化的法律服务。通过为人民群众提供优质便捷的“点单式”个性化法律服务，帮助人民群众提高学法、守法意识，解决案件当事人遇到的法律困惑和难题。同时，为了缓和当事人情绪，强调折中、平衡的柔性思维，宣传互谅互助的待人处事原则，枫桥人民法庭特地制作了调和理气、劝解疏导古谚录，放置于便民中心供老百姓取阅，同时分发给全院民警特别是年轻民警学习，取得了一定的效果。

（二）践行调解优先，实行“三前调解”

对于简易的民商事案件、刑事自诉案件，枫桥人民法庭诉前劝导员会主动向当事人宣传人民调解的特点、优势，提示诉讼风险，积极引导当事人选择相应的人民调解委员会或者行政调解组织先行调解。枫桥人民法庭充分践行能动司法，将调解工作贯穿于案件诉讼的各个环节，实行诉前、庭前、判前“三前”调解，努力提高案件的调解结案率，为辖区社会稳定和经济发展提供有力的司法保障。在诉前，通过诉讼风险提示，积极引导案件分流到联合调解委员会；庭前由法官组织再一次调解，尽力把纠纷解决在开庭前；在判决前，由法官结合庭审陈述、举证、质证和辩论意见后及时提示诉讼风险，对有可能调解的案件再一次争取调解。

（三）实施执行联动，保障权益实现

对进入执行程序的案件，用足用好法律措施，积极实施“1+1”院庭两级执行联动机制。由法院执行实施科一个执行实施组与法庭执行实施组密切配合，积极开展联动执行和集中执行。结合法院执行实施组和法庭执行实施组各自优势，切实提高执行效率，更好地保障当事人权益的实现。探索实施“执行五时法”，即催办及时（也就是一旦有申请人反映被执行人下落时即时出发，果断采取执行措施，避免因行动延误而损害申请人的利益）、联系适时（也就是适时与被执行人联系，敦促自觉履行义务；保持与被执行人所在村的主职干部联系，主动了解被执行人的相关情况；经常与申请人联系，询问执行线索等）、走访定时（也就是定时走访执法监督员、人大代表、政协委员等，通报情况，听取意见建议，并赢得他们的支持与帮助）、支付及时（也就是执行款项一到账，立即通知申请人并及时交付）、注重平时（也就是强调审执兼顾与提高工作质效，在审理过程中不能当庭履行而需定期履行的，必须要考虑到执行的可操作性）。

二、始终把握两个方面，坚持内部挖潜、外部借力

在坚持独立办案原则的同时，努力避免孤立办案、就案办案、机械办案，注重内挖潜力、外借推力，提升整体合力。一方面积极争取当地党委、政府和社会各界的支持配合，另一方面充分发挥对基层调解组织业务指导的职能作用，不断推进人民调解的法治化、专业化水平。

（一）不断完善诉调对接机制

“诉调对接”是诸暨市人民法院枫桥人民法庭的特色。该庭对前来诉讼的当事人，以《调解劝导书》的形式告知其诉讼可能带来的不利后果，告知其通过人民调解解决问题的好处与法律依据，劝解其先到人民调解委员会进行调解，调解不成再行诉讼，法庭会快速立案受理。

诸暨市人民法院枫桥人民法庭调解劝导书

你向人民法院提起诉讼虽然是解决纠纷的最终手段，但并不是解决纠纷的最优选择。因为诉讼会吞噬你的时间、金钱、安逸和朋友，况且打官司也不一定就会赢，证据是人民法院判决案件的依据。如果你缺乏证据，会酿成“有理也会输官司”的结果；

如果官司输了，你将要承担诉讼的全部后果，有的官司会造成世代结怨的结局，同时，如果对方没有财产或没有足够的财产可供执行，会出现“赢了官司输了钱”的现象。在此，枫桥人民法庭真诚地提醒你慎用诉权。解决纠纷的手段、方式是多样的，通过友好协商、调解或和解即人民调解方式具有简便、快捷、不收费和有利于和平相处，及时化解矛盾的特点，且经人民调解委员会调解所达成的具有债权内容的调解协议具有民事合同性质，对协议双方具有约束力。一方届时不履行调解协议，另一方可直接就调解协议的履行向人民法院提起诉讼。经过公证并且赋予强制执行力的调解协议、经人民法院司法确认的调解协议，债权人可以直接向人民法院申请强制执行。据此，枫桥人民法庭真诚地劝导你请首先选择人民调解方式解决纠纷。你持本庭出具的纠纷联系跟踪单，人民调解委员会将凭该联系跟踪单优先受理和处理。如经人民调解委员会调解未成，你仍可持该纠纷劝导手册向本庭起诉，本庭将依法予以快速立案受理。

劝导员

（二）积极构建“三度”诉调同向联调机制

人民调解组织处于矛盾化解的第一道防线，调处纠纷时人熟、地熟、情况熟，省时、省钱又省力，优势十分明显。按照诸暨市“横向到边、纵向到底”多层次、专业化、全覆盖的大调解格局的设置要求，枫桥人民法庭于2010年8月设立联合人民调解委员会枫桥分中心，聘请赵家镇司法所一名退休的调解员和诸暨法院一名退休的调解员为人民调解员。二位老同志都是法律素质过硬、群众工作经验丰富的调解能手，且在当地人头熟、关系广、威信高，大大缓解了法庭案多人少的矛盾，提升了调解成功率。

在工作实践中，枫桥人民法庭不断探索，总结出“三度”诉调同向联调机制——调解（开庭）前审查诉辩合理度、调解（庭审）时引导对基本事实的认同度、分头（休庭）解说以判决方式结案的基准度，实现调解工作从立案到宣判各个环节的同向衔接。兼顾了效率与公平，使法院司法功能同社会自治功能进一步互联、互动与互补，取得了较好的效果。同时，积极探索实行便捷高效的人民调解协议司法确认程序，在通过防错纠错审查机制保证调解协议公正性的前提下，尽可能使运转流程顺畅、高效，真正方便当事人。

（三）建立“合议制”三员同行定点联系指导机制

根据法庭下辖枫桥、赵家两镇与东和一乡的实际和法庭现有的人员配备，实行一个乡镇确定由一名审判员、调解员（陪审员）、书记员作为定点联村的业务指导员机制，在镇设指导调解工作室，在村设指导调解联络站。加强对所在镇、乡各级调解委员会、人民调解员的业务指导，使司法调解的触角向前延伸、职能向前拓展，对构建“大调解”工作格局发挥积极有效的推进作用。同时，为强化指导调解的便捷性，法庭还在枫源村与新择湖村建立视频指导调解系统。

（四）建立法庭工作通报和司法建议制度

自2012年起，枫桥人民法庭开始编写法庭工作通报，发送乡镇党政、人大领导，各镇综治办、派出所、检察室，辖区各市级以上人大代表等，重点分析当前矛盾纠纷多发领域呈现的特点和问题，深入探究产生根源，有针对性地提出建议，介绍法庭工作情况等，受到乡镇领导和其他单位的普遍赞誉。在指导调解与办案过程中，注重加强司法研判，推动司法建议工作提质增效，多次司法建议引起当地政府部门的重视。针对辖区内个别办案承办部门因片面追求调解而忽视对原始证据的固定，致使纠纷进入诉讼程序后难调且难判的情况，专门发布《关于进一步规范纠纷调处工作的建议》，建议相关部门从固定证据、分清是非和统一尺度三方面加以注意。建议发布后，辖区内的两个派出所将社区民警的纠纷调处率、告知起诉率纳入绩效考核目标。

三、始终坚持以人为本，注重能力、质效和效果“三提升”

按照抓党建、强队建、促审判的思路，枫桥人民法庭响亮地提出“求真务实”的口号，要求每个民警不辜负上级的要求、不忘记民众的需求、不停止自身的追求，确保党务意识强、业务能力优、任务完成好、义务履行实、服务质量佳，并以展板的形式在大厅内展示，激励全庭同志在工作能力、审判执行质效、办案效果三个方面不断提升，切实增强司法的公信力。

（一）注重青年民警工作能力的提升

针对大部分法庭青年民警学历高、专业知识丰富，但社会阅历浅，特别是做群众工作能力不足的特点，一方面实行导师结对制度，由一名审判员指导一名书记员；另一方面由驻庭调解员进行“传、帮、带”，青年民警自己注重“听、学、看”。使之尽快能用群众耳熟能详的语言拉近与当事人的距离，善于把法言法语转化为群众的语言，确保谈得拢、听得进、解得开。曾有这样一起纠纷：四个人受雇抬水泥五孔板，其中一人不慎受伤，起诉要求雇主及其余三人共同赔偿。开庭时承办人要求其他三个人就座于被告席，而这三人坚持不认为自己是被告不肯落座。情急之下，承办法官就说：“开庭就座好比你们抬水泥板一样必须分开平行而不能站在一条线上，每行工作都有行规，你们三人坐在旁听席我们就无法进行庭审。”三人这才很配合地坐在了被告席上。

（二）注重审执质效提升

在强化诉讼调解的同时，严格禁止“久调不判”“久拖不决”，切实加强审限管理，防止滥用调解而影响司法公正的情况发生。一是缩短办案周期。立案的同时电话联系当事人，通知其到庭时间。如果当事人能按要求到庭，承办法官则立即向其送达副本并征求是否放弃答辩期。对于不需要答辩期的，立即通知原告及其代理人到庭进行调解；需要答辩期的，在查清身份和交代相关事项后发出开庭传票。文书制作采取模块处理：调解结案的，一般在半小时以内即可当庭送达调解书；当庭宣判的，在十日内送达判决书。二是提升办案质量，以规范庭审程序、加强案件流程管理、提高裁判文书质量三项内容为切入点，夯实审判管理的基础，强化民警个人的岗位职能和庭长的监督职能，有力提高办案质量和提升办案效率。三是量化工作目标，针对不同工作岗位的实际情况，每个月都对每位民警的工作任务予以量化，重点分解办案数量及信息宣传工作等目标任务，围绕自己的岗位目标，凝心聚力，共同推动各项工作健康发展。

（三）注重提升办案的“三个效果”

践行核心价值观，关注群众不断提升的司法需求，摒弃机械司法，能动地在个案的判决或者调解中适用法律，协调好裁判的强制性与能动性之间的关系，实现“三个效果”的有机统一。积极行使法官释明权，防止出现弱势群体因缺乏法律知识而有理打不赢官司的情况等，努力做到让每一个来庭的当事人服判息诉。以人为本、与时俱进、开拓创新，这是新时期“枫桥经验”的生命力之所在，传承好这一宝贵经验只有起点没有终点。地处这一宝贵经验发源地的枫桥人民法庭，无论什么时候都不会回避矛盾纠纷，时刻以强烈的责任感、使命感、荣誉感去因势利导，尽最大的努力去预防、减少、就地化解矛盾；通过不断提升自身素质和工作能力，更好地实现司法对公平正义的终极追求，更好地服务经济发展和社会稳定大局，保障民众安居乐业，促进社会的和谐进步。

第三节 “枫桥式人民法庭”的主要内容

2013 年，绍兴市中级人民法院发布《关于开展争创“枫桥式人民法庭”活动的通知》，在绍兴市范围内推广枫桥人民法庭的相关经验。“枫桥式人民法庭”的主要内容包括以下三个方面：

一、庭内庭外八站点，构建便民服务中心

在法庭内设立“诉前劝导站”“诉讼引导站”“法律指导站”“信访疏导站”四个站点，为当事人提供以诉前劝导、诉讼引导、法律指导及信访疏导为主要内容的诉讼服务。

第一，诉前劝导站。对前来起诉的案件，了解纠纷产生的原因，根据案件实际，引导当事人先进行诉前调解。为当事人指定人民调解员、联系对方当事人进行调解。在调解纠纷的过程中，注重说理，引导当事人正确对待矛盾，灌输“以和为贵”的理念，避免因生活琐事引发不必要的矛盾。

第二，诉讼引导站。对诉前调解不成的案件，由诉前劝导站的人民调解员填写《调解情况告知表》，详细记录纠纷双方当事人的纠纷发生经过及调解意愿、差距，移送诉讼引导站。由引导站的工作人员针对当事人的主张及案件实际，审查是否属于人民法庭受理案件的范围。对符合人民法院受案范围的，向当事人发

放《立案须知》和《诉讼指南》，详细告知立案的注意事项及诉讼、执行的相关法律程序规定，提示诉讼风险。对不符合人民法院受理案件范围的案件，告知当事人向有关部门申请处理。

第三，法律指导站。针对部分案件当事人文化程度低、诉讼能力较弱，不清楚如何起诉、应诉的实际，在站内对其开展法律指导工作。帮助原、被告双方对其提交的诉讼材料进行归类整理、初步审查，并针对其法律适用方面的疑问当场进行解答，详细告知其相应的法律法规规定。对符合法律援助条件的当事人，在征求其本人意愿的情况下，为其联系司法行政部门申请法律援助。

第四，信访疏导站。对经人民法庭依法判决的案件，当事人不服或者不理解的，主动开展面对面的判后答疑、释法明理工作，告知零裁判依据及理由，引导当事人正确面对判决结果，同时告知相应的司法途径。对因执行程序引发信访的案件进行疏导，由执行法官依法向当事人告知案件办理进程及情况，对执行程序进行解释。对符合司法救助条件的，上报法院立案部门，研究启动司法救助资金申请程序。

在法庭外设立"专业市场服务站""便民立案站""联合调解站""调解员培训站"四个站点，为辖区内企业及群众提供方便、快捷的司法服务，联合相关部门共同调解纠纷，实现案件的源头预防和化解。

第一，专业市场服务站。在辖区选取人口集中、交易频繁、矛盾多发的专业市场，设立专业市场服务站，每月定期指派法官在服务站现场办公，接受群众咨询，化解争议纠纷。开通市场服务电话专线，在市场醒目位置予以公布。发放便民联系卡片，随时接受市场商户的法律咨询与求助。服务站与市场内的行业协会合作开办法律指导服务刊物，有针对性地选择市场内易发案例进行刊登，为商户及交易客户提供案例指导。向商户宣传法律知识，对相应法条进行解释，起草规范性合同样式、借条样式以供参考，规范市场交易行为，增强商户的防范意识。

第二，便民立案站。针对偏远山区、乡镇交通不便、群众诉讼困难的现状，在偏远镇、村设立便民立案站，固定时间前往站点接受当地群众的立案。同时，张贴法庭立案电话，对情况紧急的案件，随时接受群众预约，上门为群众立案。对立案材料不完整的，当场指导当事人补充完备。对案情简单的及时联系双方当事人，开展调解工作。对不能达成调解意向或者案情复杂、需要开庭的案件，当场排期确定开庭时间，缩短开庭周期。

第三，联合调解站。“枫桥经验”的发展离不开人民群众的广泛参与，离不开对基层各种力量、不同部门资源的调动和整合。要加强与各乡镇、村及辖区交警部门的合作，设立联合调解站。由乡镇政府、人民法庭共同选定优秀的人民调解员、村治保主任及在当地有影响、有威信的群众驻站开展调解工作，接受人民法庭委托，与法官联合调解纠纷。同时，对调解成功的案件实行回访，了解调解协议的实际履行情况，督促尚未履行的案件当事人及时履行。法庭与辖区交警部门建立对接机制，在交警部门设立交通事故联合调解站，对辖区内交通事故提前介入，与交警联合处理纠纷。

第四，调解员培训站。以乡镇为片区，开设调解员培训站，定期为辖区内人民调解员、人民陪审员、村治保主任及其他调解人员进行业务培训。根据法庭办案经验，制印学习资料，并针对乡村基层多发的婚姻家庭、相邻关系、人身损害赔偿、农村土地承包权、借贷纠纷等传统民事纠纷中的新情况、新问题，适时解答法律适用问题。抽样阅评调解员制作的调解协议，针对调解协议的格式、争议概括、事实叙述、履行期限表述等进行点评指导，提出改进建议。选取部分典型案件，放到调解培训站开庭审理，邀请人民调解员、村治保主任及其他调解人员观摩庭审并参与调解，示范传授类型案件定纷止争的方法。

二、诉前诉后四机制，拓展矛盾化解渠道

人民法庭要结合工作实际，坚持立足本职、反应迅捷、主动有为、保障有力的原则，围绕诉前、诉后两个环节，搭建平台、健全机制，不断拓展服务渠道、优化法庭职能。

诉前——部门联动化解机制。通过与党政部门的横向协调合作，建立“纠纷防范网、纠纷疏导网、纠纷解决网”三网合一的部门联动化解机制。通过该机制，对涉及相关行业协会、商会、工会、国土、工商等部门的案件，移送成员部门委托调解，或由法庭牵头、邀请部门派员共同参与化解，实现法庭与乡镇各部门预防和化解纠纷的良性互动。

诉前——特情反应预警机制。通过案件立案，对涉及重点企业、可能影响社会稳定、可能引起系列诉讼的，及时向当地党委政府和上级法院报告。通过“一镇一法官”制度，实施关口前移，要求乡镇结对法官主动了解辖区内拆迁、企业解困等重大决策和工作信息，参与企业风险防范处置及群体性、突发性事件的处置，一旦发现苗头，及时与有关部门沟通联系，相互协调、共同应对，确保事件得到妥善解决。

诉后——联席会议通报机制。由人民法庭牵头，定期召开联席会议，邀请辖区内党政有关部门领导及人大代表参加，通报诉讼案件审理情况，对各镇、村受理案件数量进行统计，分析审判形势，预警法律风险，供党委、政府、企业决策参考。对辖区内多发性、典型性纠纷案件进行深入总结，分析现状特点、探究产生根源，及时提出司法建议及调研报告，通报党政部门及辖区企

业，并建立监督和回访制度，主动追踪、了解司法建议的采纳情况和运用效果。

诉后——信访联合化解机制。将在案件审理及纠纷排查工作中发现的信访隐患，及时通告辖区党政部门；党政部门在遇到信访事件时，也及时邀请法庭参与，共同研究对策措施，合力化解矛盾和信访隐患。适时召开敏感时期维稳专题会议，高度重视信息互通与稳控联动，尽早采取针对性措施，确保辖区总体稳定。通过信访联合化解机制，充分利用公安、工商、金融、税务等部门的信息资源，加强资源共享，形成协力化解信访矛盾的“绿色”工作平台，提升信访化解成效。

三、案内案外五方法，创新纠纷调处路径

枫桥人民法庭立足矛盾化解，推广“三度”联调法和“五时”执行法，争取“案结事了”。同时，依托法官联系乡镇、法庭微博 QQ 群、司法宣传窗等载体，建立覆盖辖区群众的联系网、局域网、宣传网，加强法律指导和宣传工作。

第一，“三度”联调法。积极推广“三度”诉调同向联调机制，提高案件调解成功率。一是庭前审查诉辩合理度。由承办法官审查双方当事人的诉辩情况，避免因未进行必要的实地考察或深入了解案情导致调解方案的偏离。二是庭审引导事实认同度。开庭时，法官围绕诉辩意见，归纳争议焦点、认证证据、行使释明权、掌控辩论，引导双方当事人对案件基本事实取得一致认可。三是庭后解说判决基准度。庭审结束后，以双方一致认可的案件基本事实为依据，结合相关法律规定，开展辨法析理工作。告知当事人该类案件的一般处理原则，在当事人了解判决结果基本走向的情况下，促成案件调解，实现调解工作从立案到宣判各个环节的同向衔接。

第二，“五时”执行法。对进入执行程序的案件，用足用好法律措施，积极实施院庭两级执行联动，探索实施“五时”执行法。(1) 催办及时。一旦有申请人反映被执行人下落，果断采取执行措施，避免因行动延误而损害申请人的利益。(2) 联系适时。适时与被执行人联系，敦促其自觉履行义务。保持与被执行人所在村的联系，主动了解被执行人的相关情况；经常与申请人联系，询问执行线索。(3) 走访定时。注重平时定时走访执法监督员、人大代表、政协委员等，通报情况，听取意见建议，赢得支持与帮助。(4) 支付及时。执行款项一到账，立即通知申请人并及时交付。(5) 注重平时。强调审执兼顾，在审判阶段就充分考虑报告的可操作性。

第三，一镇（乡）一法官。为辖区每一个乡镇指定一名结对法官，以此为联结点，形成法庭与乡镇、村的联系网。在乡镇设置公示栏和便民联系箱，公布驻镇法官的姓名、职务、职责和联系方式以及驻镇时间，便于群众联系办事。结对法官对乡镇各个企业、农户进行实地走访，通过向镇、村干部了解情况，掌握基层社会中潜在的纠纷情况及矛盾隐患。对能解决的问题及时处理，不能解决的告知党政部门，同时向法庭报告，并做好工作日记、台账。结对法官充分利用专业特长，用通俗易懂的语言，向群众介绍与农村基层生活密切相关的案例，宣传法律法规，解答群众提问，回复群众咨询。

第四，一庭一网络。开通法庭微博、创建法庭 QQ 群，利用互联网传播信息快、影响面广的特点，建立涵盖辖区党政部门及群众的局域网。开通法庭微博，积极向群众公布法庭信息，让群众了解法庭工作及动态运作，发布新出台、修正的法律法规及典型案例，提高群众的法治意识。创建法庭 QQ 群，邀请各专业调解组织、村级调解室加入，开通视频对接功能，各专业调解组织、村调解室在调解过程中发现疑难问题需要指导的，可以通过QQ群要求法庭工作人员进行业务指导，通过“面对面”的视频指导方式，使调解工作更加依法有序。要积极探索手机短信送达平台，对适用小额诉讼程序、简易程序审理的案件，双方当事人均在本辖区的，利用手机短信平台与当事人联系，及时告知是否立案，调解、开庭时间，催告执行等情况，以便在最短的时间内解决纠纷。有一方当事人不在本辖区的，在邮寄送达诉讼文件前，通过短信平台询问邮寄地点，避免二次送达，缩短办案周期。

第五，一季一通告。以法庭通告栏及设立于各镇、村、便民服务站的宣传窗为平台，实现司法宣传网络的全覆盖。通过法庭通告栏及宣传窗，每季度更新当前法庭审理、执行案件情况，对审理、执行案件数量进行统计，横向比较辖区各村涉民商、刑事案件数量情况，评比“无讼村（居）”。通告辖区内有警示意义的案件，点评法庭近期审理的重点案件，对当前基层社会多发的纠纷类型及趋势进行分析，提出相应建议。宣传涉及农业承包、婚姻家庭、拆迁等方面的法律法规和政策。根据民事调解和法庭审判实践，精选法规及典型案例，编印法律宣传手册，定期分发给辖区群众，满足群众的司法需求。

第七章

“枫桥式派驻检察室”

“枫桥式派驻检察室”是指在检察环节创新和发展“枫桥经验”，不断探索拓展检察业务，延伸检察触角，以独立执法为履职重点、以服务群众为目的宗旨的基层派驻检察室工作模式。2009年，最高人民检察院颁布《2009~2012年基层人民检察院建设规划》，提出积极探索街道、乡镇、社区派驻检察室建设。2010年，最高人民检察院制定《关于进一步加强和规范检察机关延伸法律监督触角、促进检力下沉工作的指导意见》，明确了参与基层社会治理是乡镇派驻检察室工作的重要内容。

第一节　枫桥派驻检察室概况

位于“枫桥经验”发源地的枫桥派驻检察室于2010年7月21日成立，管辖范围包括枫桥镇、赵家镇、江藻镇、山下湖镇、东和乡五个镇乡。枫桥派驻检察室以“室+站+员”为组织网络保障，很好地发挥了基层派驻检察室的法律监督职能。枫桥派驻检察室的主要工作职责是：收集发现职务犯罪线索（《监察法》生效前，派驻检察室具有该职能；《监察法》生效后，派驻检察室该职责被取消)、处理涉检信访、对公安派出所和人民法庭执法活动进行法律监督、监督并配合社区矫正工作、落实检察环节基层社会治理工作、开展法治宣传教育等。枫桥派驻检察室成立后，率先在浙江全省基层派驻检察室推进会上提出派驻检察室查办和预防村镇干部职务犯罪、开展轻微刑事案件审查起诉、基层执法和司法监督"三项刚性职能"，被浙江省人民检察院推荐为浙江省人民检察室职能发挥的样板。枫桥派驻检察室注重抓好规范建设，制定出台《检察室工作职责》《检察室工作人员行为准则》《基层检察室开展社会调查暂行办法》等二十余项制度，确保派驻检察室工作开展有序、规范。有效对接辖区镇乡党委、站办所、村务，与镇社会综治中心建立关于开展检调对接、涉诉涉法矛盾调解的工作机制，协助镇乡党委及时化解涉访涉法矛盾；加强对辖区"两所一庭"和民生领域执法的监督，先后与辖区派出所、法庭、司法所、环保所建立监督、协作机制，提升基层执法水平。先后被绍兴市评为"优秀政法基层单位"、浙江省首家"示范检察室"，连续六年被评为绍兴市"先进检察室"，《检察日报》曾以"枫桥经验"的检察样本予以了报道。

第二节　枫桥派驻检察室的工作实践

一、加强基层执法监督

枫桥派驻检察室以加强基层执法监督，促进基层依法行政、公正司法为目标。一是突出对涉及民生领域的执法活动进行监督。把与民生密切相关，与群众联系最多的公安派出所、司法所、人民法庭、工商所、国土所、环保所等重点单位作为执法监督重点。二是明确检察监督的情形。派驻检察室对受理的材料或发现的线索，发现可能违法的，及时进行监督。三是明确进行监督的方式。对执法中存在的问题，分别采取口头警告、执法监督意见函、检察约谈和检察建议等方式进行监督。

进入新时代，诸暨市人民检察院率先在枫桥派驻检察室接入浙江省平安建设信息系统，强化法律监督信息化建设，主动嵌入社会治理网格化体系。浙江省平安建设信息系统是包含综治工作、市场监管、综合执法和便民服务“四个平台”的社会治理综合信息系统。全市范围的网格员和群众将发现的情况、遇到的问题上传到信息系统中，依据网格进行职能划分，具有信息量大、职责划分清晰的特点。检察室民警实时查看信息平台，尤其对涉及公众利益的环保、食品安全等方面的执法信息，根据系统设置进行重点筛选排查。对群众反映的属于检察职能范围的问题，主动介入调查核实，监督或协调相关部门依法及时处理，维护当事人的权益。对严重违法侵害群众权益的或拖延履行职责损害群众利益的，以向相关部门发送检察建议的方式，推动问题的解决。

2018 年 11 月 7 日，最高人民检察院党组书记、检察长张军来诸暨市调研时，对诸暨市院利用浙江省平安建设信息系统参与社会治理的做法予以了肯定，并指示：“整合执法司法信息，有利于提升办案质量和办案效率，提升社会治理水平。检察机关要更新理念，主动协调有关部门，按照机构改革的精神整合包括检察服务在内的基层法律服务资源。‘枫桥经验’与时俱进，检察机关要贡献智慧，讲政治、顾大局、有情怀。”① 张军同志的讲话

---

① 姜洪：《矛盾不上交　敦和解决好——首席大检察官张军在浙江省诸暨市枫桥镇调研》，载《检察日报》2018 年 11 月 8 日。

为基层检察机关实践和创新“枫桥经验”、参与基层社会治理指明了方向。

二、办理轻微刑事案件，建立化解矛盾工作机制

枫桥派驻检察室出台了《基层检察室办理公诉案件规定》，通过办理轻微刑事案件，化解隐藏在案件背后的矛盾积怨。对轻微刑事案件的双方当事人，动之以情，晓之以理，明之以法，积极引导当事人达成刑事和解；动员当事人所在行政村的村干部、有较大社会影响力的人员等社会力量参与案件和解，从根源上化解纠纷、修复关系，真正做到案结事了。

面对新时代、新矛盾，积极探索化解矛盾工作新机制，提升工作效率。特别是针对当事人有和解意愿却没钱赔偿的情况，探索建立“调解+帮教”同步工作机制，联合司法局、社区、企业、公益团体等社会力量组成帮教小组，为当事人量身制定和解帮教方案，将心理疏导、帮助就业、分期赔付等纳入和解帮教协议，有效解决当事人没钱赔偿“无力调”的问题，为犯罪人员的回归社会治理提供了检察方案。依托枫桥镇社会矛盾志愿者联合调解中心，融入大调解体系，充分发挥基层派驻检察室优势，积极深化检调对接工作机制，创新调解方式方法，实质性开展“和解+帮教”，在化解矛盾中注重对犯罪分子的帮教改造，提升案件办理的法律效果和社会效果。目前，正着力打造融合刑事和解、行政争议实质性化解、公益诉讼诉前和解、司法救助为一体的枫桥品牌调解工作室。

三、服务基层社会治理

借助检察联络站、检察联络员“三位一体”的组织框架和枫

桥镇志愿者联合调解中心的平台，延伸检察触角，协助镇乡党委及时参与调处辖区涉诉涉访案件，每月安排民警参加枫桥镇全市大接访活动，及时掌握辖区涉诉涉访案件情况。围绕辖区镇乡党委政府关于平安浙江特色小镇建设等中心工作及枫桥镇站办所参加“两美”浙江立功竞赛活动的要求，派驻检察室结合自身工作情况及辖区刑事犯罪案发特点，向党委政府发送刑事犯罪预防报告。

与枫桥镇政府枫桥镇党委会签订《关于在枫桥镇开展村级工程预防违法犯罪工作的实施意见》，发送多份风险提醒函，向业务主管部门提出检察建议，督促落实工程“回头看”，对违规企业纳入不良记录名单，对涉案村干部、驻村指导员、施工单位进行检察约谈，把村级工程中的苗头性问题消除在萌芽状态，助力基层稳定。

四、开展派驻公安派出所检察工作

为适应以审判为中心的刑事诉讼制度改革，切实提升基层刑事诉讼的质量、效率，自 2017 年 5 月 27 日成立派驻枫桥公安派出所检察工作室以来，检察室每周坚持二、四以员额检察官办案组的形式派驻公安派出所现场办公，建立派驻工作制度，明确派驻工作重点，保证派驻工作取得实效。一是立足本职工作，严把案件质量关。全面审查公安派出所行政立案案件、刑事立案案件，注重对公安派出所办理的刑事案件的日常指导工作，不仅对案件流程进行同步追踪，且对案件在提请逮捕、移送审查起诉前进行查阅。对公安派出所办理的结伙“碰瓷”诈骗案、“善心汇”等具有重大影响的案件进行提前侦查指导，使案件达到事实清楚、证据确实充分的逮捕、起诉标准。自派驻以来，枫桥公安派出所立案的刑事案件提请逮捕批准率达到 100%。同时，强化公安机关执法活动监督，仅2019年对枫桥公安派出所接处警、刑事立案、行政受案等进行监督，采用浏览式审查和抽查相结合的方法，重点对行政处罚案件进行监督，对涉案财物处置不规范、行政处罚决定书未依法送达等高发多发问题提出纠正意见36条，发送执法监督意见函3份，督促辖区公安派出所进一步提升执法规范化水平。二是履行监督职责，着力化解社会矛盾。在开展派驻工作时，工作室得知枫桥镇某村老年协会多年来将老年协会所得的财物私自分发，拒绝上交三资办，村镇干部多次欲收回账目但均遭到全村240余名老年人的集体反抗，镇政府遂移交公安派出所要求刑事立案。经审查后发现，该村养老协会占有村集体资产具有一定的历史原因，系自然村在合并时没有根据政策规定统一回收村集体资产，养老协会虽处分该集体资产的收益，但没有非法占有村集体资产的主观故意。故建议公安派出所不予刑事立案，联同民警与老年协会会长、出纳等关键人物进行谈话，帮助厘清法律及政策问题，最终使得该老年协会的账目、财产顺利收归为村集体资产，并平息了几年来的矛盾纷争。三是突出工作主线，提前开展刑事和解。以检察室派驻公安派出所检察工作室为平台，将刑事和解工作前移至侦查阶段。在派驻检察民警的参与及监督下，邀请枫桥镇人民调解委员会在侦查阶段对部分轻伤害案件进行调解，大大节省了司法资源。

五、开展社区矫正执法监督

有效对接辖区镇乡司法所的社区矫正执法工作，更新社区矫正新出台的法律、法规，开展信息平台检查和实地走访检查相结合的日常监督。依法监督辖区司法所建立、完善重点社区服刑人员常态化排查机制，落实矫正小组责任人，加强辖区司法所与派出所的工作衔接，督促司法所将重点社区服刑人员名单每月定期报送派出所联络责任人员，要求辖区派出所协助司法所对社区服刑人员定期开展治安处罚、行政处罚记录查询，不留监督死角。积极参加辖区镇乡社区服刑人员集中点活动及社区服务现场监督，针对司法所执法中存在的问题，发送执法监督意见函，纠正不规范问题，切实履行好法律监督职能。

六、积极开展法律宣传，提升群众法治素质

枫桥派驻检察室把法律宣传做到最基层，把法治思维、法治方式引向最基层。其具体做法主要有：第一，将法律宣传下基层常态化。以派驻检察室人员为主，各业务部门人员为辅，建立乡镇、行政村法制宣传队，每月开展一次宣传工作。第二，将刑事案件开庭下基层常态化。与人民法院建立轻微刑事案件下基层巡回审判机制，选择邻里纠纷等引发的刑事案件，通过现场庭审活动，引导群众学法、守法、遵法、用法、信法。第三，将走村入户常态化。每个派驻检察室民警联系辖区 2~3 个行政村，并将姓名、照片、联系方式及职责上村务公开。每周走访村民至少 2 次，掌握村情民意，倾听群众诉求，帮助群众解决实际问题。

进入新时代，诸暨市人民检察院在枫桥派驻检察室建立刑事犯罪源头防治中心，它是全国首个面向农村基层以刑事犯罪警示预防为目的的法治教育基地，总建筑面积 600 平方米，内含 5 个展厅，分别展示"源、知、鉴、防、治" 5 个主题。防治中心秉持"枫桥经验"基本精神，紧扣习近平同志提出的"抓决策源头防矛盾，抓热点源头疏矛盾，抓教育源头减矛盾"基层社会治理理念，通过多功能展板、智能电子设备等形式，展示农村基层多发易发的刑事犯罪典型案例，普及刑事法律知识，提出刑事犯罪风险防范建议，充分发挥法治的保障作用，助力社会和谐稳定。防治中心汲取了"枫桥经验"预防为先、防治结合、综合治理的

要义，紧扣刑事司法工作中的源头性、基础性、根本性问题，落实“谁执法，谁普法”的责任制要求，是政法机关积极参与基层社会治理现代化的重要载体和有益探索。2018 年 11 月 7 日，最高人民检察院党组书记、检察长张军来诸暨市调研时，对诸暨市打造刑事犯罪源头防治中心这项工作表示肯定，并指示：“刑事犯罪源头防治的检察答卷做得不错。这些直观生动的教育内容，让老百姓明白小事也能酿恶果，很有针对性。”①

① 姜洪：《矛盾不上交　敦和解决好——首席大检察官张军在浙江省诸暨市枫桥镇调研》，载《检察日报》2018 年 11 月 8 日。

第八章

“枫桥式司法所”

第一节 枫桥司法所概况

司法所是司法行政机关的基层组织，是县司法局在镇乡（街道）的派出机构，负责具体组织实施和直接面向广大人民群众开展基层司法行政各项业务工作。司法所也是基层政法部门的重要组成部分，它与公安派出所、人民法庭共同构成我国乡镇（街道）一级的政法体系，成为我国基层司法运行机制中不可缺少的重要组成部分。

枫桥司法所（原为枫桥镇司法所）建自 1996 年 5 月，现有专兼职司法员 12 名，下设 3 个工作片、54 个调委会，共 251 名调解干部。枫桥司法所以创新发展“枫桥经验”为抓手，狠抓司法所规范化建设，全力塑造了“组织机构正规化、干部队伍专业化、业务工作效能化、所务管理制度化、基础设施标准化”的司法所新形象，有效维护了社会和谐稳定，屡次受到各级领导的高度肯定，也赢得了广大群众的信赖，曾多次获得全国、省、市级各类先进集体。“枫桥式司法所”就是以枫桥司法所的模式建立的司法所。

枫桥司法所按照机构单设、双重管理、人员混合、独立办公的体制和管理机制，从“三个到位”着手，切实加强司法所规范化建设，于2010年成功创建为“省级规范化司法所”。

2012年，诸暨市枫桥镇司法所改为诸暨市司法局枫桥司法所。枫桥司法所作为绍兴市首批直属司法所，积极探索司法所建设新路子，进一步理顺了以司法局管理为主、乡镇管理为辅的双重管理体制。这种管理体制使司法所能抽出更多的时间和精力专职专抓司法行政工作，有力地整合民警资源，充分发挥民警在维护社会稳定中的职能作用。但这种管理体制又为少数司法所民警游离于主管部门和乡镇党委政府的管理之外提供了平台。一方面他们以业务工作忙为借口不愿意参与乡镇其他工作，另一方面以乡镇抽调力量为由对主管部门的工作安排敷衍塞责，造成与主管部门工作脱节，与乡镇党委政府的领导脱钩。为此，枫桥司法所加强队伍的政治思想教育，强化管理措施，正确对待双重领导关系，自觉接受乡镇党委政府的领导，提高管理本辖区的司法行政工作能力。

司法所严格按照上级关于司法所规范化建设的要求，秉着高标准、高起点的原则，扎实推进司法所硬件设施完善。现有独立办公用房5间，配有其他公共用房，用房面积超过300平方米，办公室、调解室、接待室、谈话教育室和档案资料库等业务用房以及传真复印、电脑等办公设施一应俱全，其中调解室和谈话室均已安装实时监控。

司法所现有工作人员12名，其中所长1名，全面负责司法所各项工作，认真制定并精心实施司法所年度和阶段性工作计划，带领全所人员积极完成司法所各项职能工作；自觉服从司法局和镇（街道）的领导，模范遵守国家的法律、法规和党的政策，作风民主，求真务实，团结和带领全所人员，勇于探索，大胆开拓，优质高效地开展各项工作，为维护一方平安和谐作出显著的成绩；不断加强内部管理，严格执行司法局关于警车使用和管理的规定，对所内人员明确分工、职责分明，对基层调解委员会实施工作考核和开展业务指导；重视抓好全所人员的政治业务学习，与时俱进，不断提高全所人员的政治业务素质，确保全所人员胜任本职工作，并且"无违法犯罪和较严重的违纪行为，无因素质低下、工作不力而造成工作上的重大失误"。另有其他司法行政专编人员 3 名、乡镇兼职司法员 6 名、专职调解员 2 名。这些人员的主要工作职责是，接受所长和副所长领导，按照业务分工开展工作并及时向所长报告工作情况。坚持教育与管理相结合的原则，通过以老带新的形式，加强对年轻干部的培养、历练，提升了队伍的整体素质。

第二节　枫桥司法所的制度建设

制度建设是司法所的根本保障，枫桥司法所主要实施了以"四化建设"为内容的规范化内务建设，有力推进了司法所管理制度化建设，树立了良好形象。

一、所务管理规范化

制定完善了人员职责。对司法所所长职责、内勤人员工作职责、司法所其他工作人员职责作了明确规定。司法所所长的职责包括：主持管理所全面工作；按照司法所各项职能开展工作，切实履行其"管理、协调、指导、监督"的职责；抓好全所人员的思想政治工作和业务学习；负责考核全所人员的工作情况，提出奖惩建议；妥善处理群众的来信来访，当好领导的参谋；负责向上级司法行政机关和当地党委、政府请示汇报工作；完成上级司法行政机关和当地党委、政府交办的其他工作。内勤人员的工作职责包括：协助司法所所长做好承上启下、综合平衡的日常事务工作，督促、检查所内各项制度落到实处；全面掌握业务工作进度，每月为所领导提供有关数据，并按规定向主管部门呈报报表；负责受案、结案登记，备好各类文书，管理好印章、微机、档案、文书纸张和办公用品；对司法所的办公设施、装备等财产每年年终进行登记造册；负责整理和统一保管案件卷宗，搞好报纸杂志的收发登记和上传下达工作；建立所务工作日志制度，由内勤人员对所内重大事务进行登记；督促搞好办公室的卫生，每天上下班前负责清扫公共场所卫生。司法所其他工作人员的职责包括：接受所长领导，按照业务分工，拟定工作目标和计划，负责组织实施；指导协调辖区内各部门、村（居、社区）、企事业单位开展工作，并进行检查督促；组织开展业务培训工作，提高村（居、社区）、企事业单位工作人员的业务素质；总结工作，推广工作经验，及时向所长报告工作情况；做好本项工作的登记统计和建档工作；做好业务信息的编写、上报工作，整理好业务档案，做好有关业务报表的登记统计和上报工作；完成领导交办的其他工作。

规定了学习、例会制度。每月组织一次本所人员学习例会，每季度组织一次辖区内各基层人民调解委员会主任例会，开展政治理论和业务知识学习；及时分析、讨论疑难复杂纠纷调解方案和重点社区服刑人员、安置帮教对象管理、帮教方案，不断提高政治理论水平和业务工作能力。规定了请示汇报制度。每半年向上级司法行政机关和当地党委、政府请示汇报工作；重大问题、重要情况应当第一时间立即请示汇报。规定了业务工作登记制度。分类建立人民调解、社区矫正、安置帮教、法律援助、法制宣传等各项业务工作台账，全面、及时、准确登记各项业务工作开展情况。规定了矛盾纠纷定期排查调处制度。坚持每月组织开展一次以上矛盾纠纷和社会不安定因素集中排查调处工作，并按要求及时汇总、分析、报送相关情况。规定了档案管理制度。分类分案（人）建立健全人民调解、社区矫正、安置帮教等各项工作和人员档案，内容全面、准确，装订符合要求，保管安全，并做好档案的借阅、使用和回收登记工作，自觉接受县级司法行政机关和档案管理部门的业务监督和指导。规定了业务公开公示制度。做到司法所工作职能、工作流程、工作规则及司法所工作人员姓名、职务、照片、职责、联系方式公开，相关内容应当上墙明示，自觉接受社会监督。规定了廉政勤政制度。督促司法所工作人员严格遵守国家关于公务员廉洁勤政的有关规定和公务员行为规范，遵守政法机关公务员的各项要求。规定了报表统计上报制度。按照上级要求及时、准确填报各项业务工作统计报表。

二、工作程序标准化

制定包括矛盾纠纷排查、人民调解工作程序、刑释解教人员安置帮教、司法所报表、法律援助等程序规范，并制定了一整套行之有效的司法所业务台账制度。

以人民调解工作程序为例。(1) 调解的启动：当事人可以向人民调解委员会申请调解，人民调解委员会也可以主动调解。当事人一方明确拒绝调解的，不得调解。基层人民法院、公安机关对适宜通过人民调解方式解决的纠纷，可以在受理前告知当事人向人民调解委员会申请调解。(2) 人民调解员选择：人民调解委员会根据调解纠纷的需要，可以指定一名或者数名人民调解员进行调解，也可以由当事人选择一名或者数名人民调解员进行调解。人民调解员根据调解纠纷的需要，在征得当事人的同意后，可以邀请当事人的亲属、邻里、同事等参与调解，也可以邀请具有专门知识、特定经验的人员或者有关社会组织的人员参与调解。（3）调解的实施：人民调解员根据纠纷的不同情况，可以采取多种方式调解民间纠纷，充分听取当事人的陈述，讲解有关法律、法规和国家政策，耐心疏导，在当事人平等协商、互谅互让的基础上提出纠纷解决方案，帮助当事人自愿达成调解协议。（4）调解的终结：经人民调解委员会调解达成调解协议的，人民调解委员会应当对调解协议的履行情况进行监督，督促当事人履行约定的义务。调解不成的，应当终止调解，并依据有关法律、法规的规定，告知当事人可以依法通过仲裁、行政、司法等途径维护自己的权利。

对法律援助，司法所规定了明确的流程，可以下图表示：

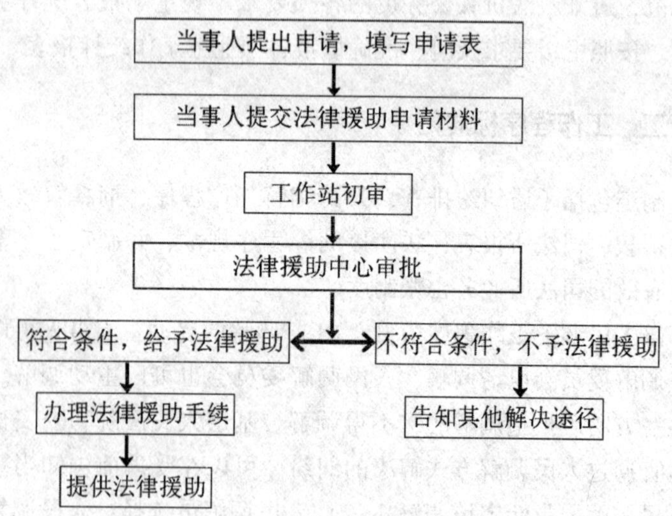

法律援助流程

三、目标管理责任化

围绕如何发挥司法所的职能作用，枫桥司法所分别明确了人民调解、普法宣传、依法治理、安置帮教、社区矫正、法律服务等工作职责、工作目标，实行责任考核。

以社区矫正为例。社区矫正工作的任务是：（1）按照有关法律、法规和规章，依法对社区矫正人员进行管理和监督。（2）通过多种形式，对社区矫正人员进行思想教育、法治教育、社会公德教育，矫正其不良心理和行为。使他们悔过自新，成为守法公民。（3）依法组织社区矫正人员参加适合其年龄、身体条件、劳动技能的社会公益劳动。（4）帮助社区矫正人员解决在生活、法律、心理等方面遇到的困难和问题。社区矫正的工作职责是：（1）按照规定接收社区矫正人员，办好有关衔接手续。（2）根据社区矫正人员实际，制订矫正方案。（3）对社区矫正人员实施日常监督管理，并对社区矫正人员的认罪、守法、劳动和学习等情况进行考核。（4）根据社区矫正人员的服刑情况，依照规定进行奖励惩罚。（5）对社区矫正人员实施法制教育，增强其法治意识。（6）对社区矫正人员开展针对性的技能培训，提供就业指导。（7）对社区矫正人员开展心理咨询和心理矫治，不断提高教育矫正的实效。（8）组织社区矫正人员参加公益劳动，增强其社会责任意识和悔罪改过意识。（9）加强与社区公安民警、社会志愿者以及其他矫正力量的配合与协调，形成工作合力，最大限度地为矫正工作服务。（10）接受上级机关以及检察室的监督，维护矫正工作的公平、公正和合法性。（11）完成上级社区矫正领导机构、工作机构布置的相关工作，履行法律、法规规定的其他职权。

四、档案管理格式化

规范制作了人民调解、社区矫正、法律援助等各项业务文书，统一格式，规范填写。所有资料分类装订，及时归档，摆放整洁。

以人民调解为例。矛盾纠纷和不安定因素排查调处需记录以下内容：(1) 排查时间；(2) 排查出的纠纷基本情况（发案时间、地点、当事人、案由)；(3) 调处经过和结果。矛盾纠纷受理调处需记录以下内容：受理时间；案件编号；案件来源；纠纷基本情况（发案时间、地点、当事人、案由)；调解员；调处经过和结果。司法所建立人民调解工作统计表，统一统计标准，建立统计档案；案件登记严格按照档案管理要求，必须用钢笔或碳素笔书写，并做好归档工作；严格按照时间要求上报统计表，做到不漏报、不瞒报、不虚报、不误报，统计报表不得估、摊、编和篡改。

第三节　枫桥司法所业务工作制度化

一、人民调解制度化

人民调解会议学习制度。具体包括：严格按照人民调解工作部署和要求，及时召开会议研究部署本辖区人民调解工作；贯彻执行和学习党的路线、方针、政策，按照镇（街道）和上级司法行政机关的部署，研究确定本辖区人民调解工作的任务和计划，并组织贯彻实施；每季度召开一次调委会主任会议，听取人民调解工作的开展、执行情况和完成任务情况；每半年对调委会主任和调解员开展业务学习和培训，提高调解能力和水平；分析研究本辖区社会矛盾纠纷动态，加强调解工作的协调沟通，研究解决跨部门的相关问题；分析研究本辖区人民调解工作，对疑难问题及时解决，并付诸实施。

人民调解目标管理考核评比制度。具体包括：对人民调解工作实行目标管理考核评比制度，司法所要将工作任务分解量化到位，做到工作到人、责任到人，制定奖惩办法和考评制度；考评工作由司法所组织实施，本着实事求是的原则，以调解员的政治、业务素质和排查调处矛盾纠纷的工作情况为重点，增强考核标准的针对性，尽量使考核指标具体化、数量化；司法所对在考核中发现的问题要及时分析原因，研究解决；对好的经验做法要及时总结推广，不断巩固和提高人民调解工作成效；建立考核结果与调解员岗位津贴、相关奖励和评先创优挂钩制度；对于考评中出现的先进，建议党委和上级司法行政机关进行表彰；对考评不合格，要视情扣减岗位津贴、相关奖励、取消评先创优资格，问题严重的，还要严肃查处，追究责任；司法所根据考核评比结果，要对矛盾纠纷发生作出预见性评估，对排查调处工作作出预见性安排；司法所对调解员的考核，每月一次；对基层调委会的考核评比每半年进行一次；同时与平时的检查指导相结合，奖优罚劣。

矛盾纠纷排查制度。具体包括：司法所应组织协调相关部门，每月对辖区内的矛盾纠纷进行摸底、登记、分类处理；在矛盾纠纷摸底排查前，应明确摸底排查的目的、意义、时间、范围和方法；开展逐门、逐户、逐人矛盾纠纷摸底排查工作，全面掌握纠纷重点户、重点人；对排查出的矛盾纠纷，属于调解范畴的，落实调解人员，及时化解；不属于调解范畴或者调解不了的，及时上报相关部门；对在排查工作中揭发出的犯罪线索，应立即移交公安机关；认真填写《重大矛盾纠纷和不安定因素排查调处表》，并上报镇（街道）党委政府和上级司法行政机关。

矛盾纠纷分析评估预测制度。具体包括：司法所应建立矛盾纠纷分析评估预测机制，明确工作流程，准确分析、预测矛盾纠纷的发生；每月根据辖区矛盾纠纷的发生类别、原因、调处结果及潜在性纠纷，认真作出科学评估，根据不同时期社会面特点，准确预测辖区矛盾纠纷的发生趋势；对分析评估的结果，要做好梳理总结，制订防范预案；司法所应及时将矛盾纠纷分析评估预测结果报镇（街道）党委政府和上级司法行政机关，供其研究决策；做好每一次矛盾纠纷分析评估预测的有关材料收集建档工作。

人民调解登记统计制度。具体包括：司法所必须指定专人进行矛盾纠纷和不安定因素排查和调处案件的登记、统计工作。①

调解文书档案管理制度。具体包括：人民调解工作各类登记及文书、文件档案由专人管理；档案卷宗要完整、准确、齐全、条目清楚、字迹整洁；人民调解卷宗装订后由所长审批，经查无误后归档，如需调卷、借阅，需经所长批准后方可执行；各类档案按照标准装订，一案一卷，要装封面、封底，填写封面、卷内目录、卷宗情况说明，编写页码；纠纷调结后一个月内立卷归档，调解卷宗要求长期保管，其他资料保管期一般为五年；凡超过保管期限或失去查考利用价值的档案，由县司法局审查后予以销毁，档案管理员不得私自销毁档案。

人民调解回访制度。具体包括：司法所应对调解协议的履行情况及时进行回访，并就履行情况进行记录；在回访过程中要了

---

① 详细内容见本章第二节。

解协议的执行情况，对未履行的协议，要了解影响协议履行的主要原因；要了解纠纷当事人的思想状况，行为有无异常，对调解协议的态度，对调解人员的意见、建议，有无新的纠纷苗头；在回访的过程中发现的问题要及时纠正，总结经验教训，改进和提高工作质量，巩固调解成果。

二、社区矫正工作制度化

社区矫正工作宣告制度。宣告内容：宣告社区矫正人员开始或解除社区矫正；告知社区矫正人员应遵守下列规定：(1) 遵守国家法律、法规、规章和有关管理规定；(2) 积极参加学习教育、心理矫正和公益劳动等；(3) 按规定电话报到、按规定以书面形式向镇乡（街道）司法所报告自己的思想活动情况；(4) 离开居住区域时必须规定履行请假手续；(5) 遵守会客、迁居和请销假的有关规定；(6) 服从社区矫正工作机构的监督和管理。主要规定：宣告在社区矫正人员初次报到和期满解矫时举行，宣告应个别进行，并在宣告室进行，应保持庄严肃穆。

社区矫正谈话制度。谈话内容：告知社区矫正人员社区矫正目的，社区矫正主要管理部门应遵守的规定，违反规定的处置，以及报到、思想汇报、集中学习、公益劳动、会客、请假、考核等情况；了解社区矫正人员个人家庭的基本情况，包括人员、就业、就医、就学、家庭经济条件等情况；了解社区矫正人员对所犯罪行的认识，找出犯罪原因，找准心理症结；了解社区矫正人员对参加社区矫正的认识和对集中学习、集中公益劳动的思想认识。实行“六必谈”：初次报到和解矫宣告谈，发现不正常苗头及时谈，思想有转变交流谈，违反规定警告谈，取得进步鼓励谈，遇到困难帮助谈。每次矫正谈话必须作好谈话记录。

社区矫正学习和劳动制度。具体包括：被判处管制、缓刑、假释、监外执行的社区矫正人员每月必须参加集中学习一次，每次不少于两小时；学习的目的是通过社区矫正人员的自学和接受教育改造，矫正其不良心理和行为，促进其尽快回归社会，成为守法公民；学习的方式采用个别教育和集中教育的方法，日常的学习教育由社区矫正工作小组负责组织进行，司法所适当组织集中学习教育；社区矫正人员必须按照社区矫正组织制订的学习计划，按时参加以思想教育、法制教育和社会公德教育等为内容的学习活动；劳动的方式采用个别劳动和集中劳动的方法，日常的劳动由社区矫正工作小组负责组织进行，司法所适当组织集中劳动，每月必须参加不同形式的劳动一次以上。

社区矫正例会制度。具体包括：司法所应当建立定期例会制度，传达上级社区矫正工作指示精神，研究、制定社区矫正工作的规划和实施方案，听取有关部门的工作汇报，协调相关部门开展工作，研究解决试点工作中遇到的重大问题。

社区矫正请示报告制度。具体包括：社区矫正组织要建立请示报告制度，加强组织观念，对工作中出现的重大问题应及时逐级上报，不得隐瞒不报，紧急情况要边处置边报告。上级部门对请示的问题要及时研究，尽快予以批复。

社区矫正建档统计制度。具体包括：司法所对社区矫正人员要逐人建档。社区矫正人员的犯罪情况、改造表现、家庭成员、社会关系、接受教育、参加公益劳动、考察鉴定等情况要记入档案。社区矫正组织要建立起社区矫正工作情况统计报表制度。统计报表和统计数据分析，要保证真实、准确，不得拒报、错报、漏报、虚报和瞒报。

社区矫正培训制度。具体包括：社区矫正组织要建立社区矫正工作者的学习培训制度，采取多种形式对专业社区矫正工作者和社会志愿者进行业务培训，确保社区矫正工作的质量。

社区矫正信息报送制度。具体包括：社区矫正组织要加强信息报送工作，坚持客观性和实效性的原则，收集、整理本地区矫正工作的经验、做法、重要活动及典型案例等各种社区矫正工作信息，及时逐级上报。

社区矫正监督检查制度。具体包括：司法行政机关社区矫正执行工作受人民检察院的监督。司法行政机关、公安机关对人民检察院的监督工作应予配合。司法所要进一步加强自身建设，建立和完善内部监督检查制度。积极接受纪律检查监察部门的监督和上级社区矫正组织的监督检查。

社区矫正情况通报制度。具体包括：社区矫正工作各成员单位之间要建立情况通报和信息交流制度，至少每半年召开一次情况通报会，交流工作情况和工作信息，遇有重大政策出台或突发事件发生要随时通报。

社区矫正走访制度。具体包括：社区矫正工作人员至少每季度走访一次社区矫正人员及其家属、所在单位和村（社区）组织等，了解掌握社区矫正人员的近期情况，及时解决走访过程中发现的问题。

表彰奖励和责任追究制度。具体包括：对在社区矫正中成绩突出的集体和个人予以表彰奖励；在实施社区矫正过程中，司法工作人员有玩忽职守、徇私舞弊、滥用职权等违法违纪行为的，依法给予相应处分；构成犯罪的，依法追究刑事责任。

三、安置帮教制度化

帮教对象登记建档制度。从接收刑释解教人员之日起三日内，填写基本情况登记表，建立帮教档案，并将有关情况通知村（居）委会及刑释解教人员家属。

安置帮教会议制度。定期召开安置帮教会议，会议的主要内容和任务为：一是汇报安置帮教工作开展情况，各成员单位、各有关部门作用发挥和相互配合情况；二是总结通报安置帮教工作情况；三是研究部署下一步工作计划；四是对重点区域、有重新犯罪可能的刑释解教人员指定帮教责任人，落实帮教防范措施。

谈心谈话记录制度。定期与刑释解教人员谈心谈话，了解他们的思想转变、生产劳动及生活等情况，掌握他们的思想动向，有的放矢地开展帮教工作。

跟踪考察制度。为及时掌握刑释解教人员回归社会的情况，进一步做好安置帮教工作，每季度对本辖区刑释解教人员进行一次全面考察，并做好记录，存入个人档案。

法律、法规学习制度。具体包括：加强对刑释解教人员法律、法规培训，每月不少于半天，增强他们的法制观念，减少重新犯罪；定期对刑释解教人员进行职业培训和技能培训，使他们掌握一至两门实用技术。

安置帮教目标管理制度。针对帮教对象的具体情况，采取有针对性的方法进行帮教，制定切实可行的帮教目标，发挥各成员单位的职能作用，调动社会各方面的积极因素，预防和减少刑释解教人员重新违法犯罪，控制重新犯罪率。

统计报告制度。定期上报本单位刑释解教人员安置帮教工作开展情况，报表填写要字迹清楚、内容完整、数字准确、按时上报。

家访回访制度。对本辖区安置帮教人员进行定期家访，对于重点人要随时进行家访，并认真做好记录。

三级帮教制度。一级帮教：对表现差，随时随地有可能重新违法犯罪的刑释解教人员，实行重点帮教，并配合公安派出所严密控制，及时打击重新违法犯罪。二级帮教：对表现一般，思想基本稳定，但有继续违法犯罪趋向的刑释解教人员，要会同镇村干部、家属和亲友进行帮教。三级帮教：对表现好、思想稳定、工作落实、家庭和睦、重新违法犯罪可能性较小的刑释解教人员，会同村干部、调解组织、家属和亲友进行帮教。

四、普法、依法治理工作制度化

党委政府发文制度。每年的普法、依法治理工作要点以及涉及面广的重要普法工作以党委、政府文件形式下发，把普法、依法治理工作列入重要议事日程，采取有效措施，抓好落实，确保每年普法、依法治理工作任务顺利完成。

普法会议制度。每年至少召开一次普法教育领导小组会议，研究部署普法、依法治理工作。司法所每月召开一次会议，学习文件、讨论问题、制定措施，研究落实日常工作和具体事务。

来文登记制度。接到上级来文，要认真登记。在有关领导阅示后，按规定时间办结，不得拖延。

法律培训制度。对全市统一安排的在全体公民中重点普及的法律法规，每年要组织一期普法宣讲骨干培训班，举办一期普法联络员培训班，定期对村（社区）干部进行培训。定期编发《法制宣传》。

每年一考制度。坚持每年对领导干部、公务员进行一次法律知识考试。

成绩登记制度。加强对重点普法对象学法用法情况的考核和管理。认真填写法律考试成绩登记卡，报上级部门备案。

“法律六进”制度。组织协调开展法律进机关、法律进农村、法律进社区、法律进学校、法律进企业、法律进单位活动各一次以上，法制宣传工作要有工作记录。每季度确定重点普法宣传内容，根据实际情况，可通过网络、广播、电视、宣传栏、专题辅导等形式进行宣传。

创建示范点制度。广泛开展“民主法治村”“民主法治社区”创建，继续开展“诚信守法企业”的创建活动。做好“青少年法制教育基地”“依法治校示范学校”建设。

法制文化建设制度。推进具有各地特色的法制文化建设，挖掘法制文化资源，凝聚法制文化精神。结合“12·4”全国法制宣传日、“浙江法制宣传月”和有关专业法的颁布实施日开展大型法制宣传教育活动，以干部群众关心关注的热点难点问题为切入点，以推动地方经济和社会发展为落脚点，每年至少开展一次农村普法教育月活动，促进普法教育进入千家万户，扩大法制宣传社会影响力。

资料归档制度。及时将各类普法工作资料按时分类归档，反映成果，便于检查，做到文书档案管理规范化、制度化。

督促检查制度。深入基层，每年要对所辖区域内的普法、依法治理工作进行一次督查，及时发现并帮助解决工作中遇到的实际问题，以点带面，推动工作。对普法、依法治理工作中的重点、难点、热点问题主动进行调研，制定相应对策，并报市法制办。

工作报告制度。定期对部门、单位的普法、依法治理工作进行总结，及时向市法制办报告。加强信息交流，确定专人负责协调联络工作。

第四节　枫桥司法所职能的发挥

枫桥司法所以社会治理创新为契机，狠抓司法行政各项工作职能，基本形成了大普法、大调解、大帮教、大服务的“四大格局”，有效地维护了社会和谐稳定。

一、以“大普法”为工作核心，全力营造社会法治氛围

法治意识的强弱，直接关系到农村的稳定，枫桥司法所主要从丰富普法形式、扩大法律受众面着手，做好“大普法”这篇文章。5年中，共开展各类送法进村、进厂、进校等活动135起，发放普法宣传资料6万余册（份），全民法治意识得到明显提高。

搭建普法平台。主动依托镇成人法制学校、村（社区）法制学校、青少年法制学校、企业职工法制学校等平台，开展“送法进村、送法进社区、送法进厂、送法进校、送法进监所、普法进家门”法律六进活动，向广大干部群众、在校学生、企业职工和重点帮教对象进行各类法律知识的宣传和公民道德教育。

创新普法载体。在充分利用黑板报、法制宣传窗、《今日枫桥》开辟法制专栏、广播电视、法律咨询活动等多种传统载体开展法制宣传的基础上，积极开拓远程教育、文艺下乡等新载体，进一步普及法律知识。开拓“新民大讲堂”，司法所和驻村法律顾问到村开展法制培训。

深化普法创建。进一步深化司法工作理念，全面建立村级司法行政工作室，指导全镇各村积极开展“民主法治村”创建，现全镇有绍兴市级“民主法治村（社区）”3个，陈家村被评为省级“民主法治村”。

二、以“大调解”为工作重点，全力化解社会矛盾纠纷

枫桥司法所通过构筑网络、健全机制、创新方法等手段不断提升调解工作水平，有效化解各类矛盾纠纷。五年间，司法所、镇调委会共受理矛盾纠纷519件，调处成功510件，调处率和成

功率分别为100%和98.3%。[①]

健全调解网络。成立由镇党委政府主要领导为组长的社会矛盾纠纷“大调解”体系建设领导小组，指导协调和包案化解重大矛盾纠纷；建立健全镇、村、组三级人民调解组织，参与协调各自辖区内的矛盾纠纷调处工作，努力做到矛盾纠纷及早发现、就地化解。

完善调解机制。枫桥司法所在“四前工作法”“四先四早”工作机制和“矛盾化解五分法”的基础上，不断创新和充实“枫桥经验”，进一步明确了全镇纠纷排查信息员，形成了矛盾纠纷网格管理、分级调处、联合调处等化解机制，努力落实“联系户有矛盾纠纷必到，发生违法违规行为必到，遇到重大生活变故必到”的“三必访”制度。同时，整合各方力量，联合开展对突发事件、重大复杂疑难案件的调处，提高调解成功率，及早稳定事态。

创新调解方法。建立诸暨市调解总会枫桥分会，聘请重点企业负责人、专业性调解组织负责人、人大代表、党代表、专业知识人士和社会贤达等参与调处专业性、综合性、疑难复杂矛盾纠纷，实现人民调解、司法调解和行政调解的“三调联动”。加强专业性调解组织建设，在枫桥法庭、公安派出所、派驻检察室、交警中队、劳管站等处分别建立诉前调解室、老杨调解室、刑事和解调解室、交通事故调委会、劳资纠纷调委会等专业性调解组织，积极开展各类矛盾纠纷针对性的化解，实现矛盾纠纷不出镇。积极探索信访和调解对接工作，依托镇社会服务管理中心平台，组织、协调相关专业调解委员会、人民调解工作专家和专业

---

① 诸暨市司法局枫桥司法所：《深化基层司法行政 创新基层社会治理》，2018年内部总结资料。

律师共同研究制订信访案件调解方案和调处措施。对一些初信初访矛盾纠纷，实行人民调解员事前提前介入、调查摸底，事中依法调处、合理处置，事后跟踪回访、满意息访的工作模式，真正做到及时有效解决人民群众来信来访反映的问题，推进社会和谐稳定地发展。

三、以“大帮教”为工作抓手，全力推进特殊人群管理

社区矫正和安置帮教是社会服务管理的重点工作，枫桥司法所严格按照《社区矫正实施办法》的规定，始终做好“三个坚持”，提升特殊人群管理工作效能。目前，全镇现有社区矫正人员 49 名。从 2004 年开始试点以来，已解除矫正 300 多人，无一人重新犯罪。刑释解教人员 264 名，帮教率和安置率分别达到 97.2%和 95.1%。2013 年重新犯罪 1 人，重新犯罪率不到 1%。具体做法是：

坚持多方联动。全面实施以“司法员、民警、驻村指导员、社区矫正志愿者、监护人”为帮教责任人的“5+1”监管模式；积极联合公、检、法、司等相关部门开展“一季度一集中”的集中点教育，增强社区矫正人员的在刑意识。

坚持规范管理。实行“网格化管理、组团式帮教”模式，实现多人帮一人的全方位管理，利用手机定位，实现人防和技防的结合，对违纪违规违法的社区矫正人员进行严肃处理，有效遏制了部分社区矫正人员重新犯罪的苗头。现共签发警告处分 33 人次，上报给予行政拘留 2 人次，收监 1 人次。同时，对社区矫正人员按一人一档统一建档、统一归档，规范了矫正档案管理。

坚持帮教帮扶。结合枫桥镇实际情况，采取“自主选择、自由安排”的方式组织公益劳动，分别在镇敬老院、步森集团、永宁弟兄农业开发公司等处建立公益劳动基地 3 个，并按照社区矫

正人员的个人意向，由矫正人员自主安排公益劳动时间，司法所对劳动情况进行定期考察；建立社区矫正对象、刑释解教人员个人信息卡，全面掌握其工作、生活等基本情况，积极动员其家属和村帮教组织积极做好帮教工作，使其尽快回归社会；推行“帮教进监狱—事先向监狱延伸，帮教重实效—事中向生产生活延伸，帮教讲长效—事后向巩固提高延伸”的“三帮三延伸”机制，引导、鼓励刑释解教人员从事生产、经营活动，主动为“三无”等困难人员提供帮助。

四、以“大服务”为工作目标，全力服务社会经济发展

枫桥司法所以司法行政法律服务分中心为平台，在镇社会服务管理中心开设司法窗口，扎实开展法律咨询、人民调解案件登记、法律援助、法律顾问值班等工作，主动为村、企以及广大群众排忧解难。

法律咨询有问必答。热情、主动为全镇每一名群众提供法律咨询。5 年中，共接待来信、来电、来访人员 700 多批次，解答法律咨询 700 多件，接待人员近 5000 人。①

法律援助应援尽援。始终坚持“维护当事人的合法权益，维护法律的公平正义”这一宗旨，充分发挥法律援助工作站的作用，对符合条件的困难群众开展法律援助。枫桥司法所通过法律援助，上门服务，曾成功为一名 95 岁高龄的老人解决了赡养问题。5 年中，共受理法律援助 107 件，有力保护了一些弱势群体的合法权益。

驻村法律顾问全面铺开。扎实推行驻村法律顾问制度，全镇

---

① 诸暨市司法局枫桥司法所：《深化基层司法行政　创新基层社会治理》，2018 年内部总结资料。

30 个村（居）均已聘请驻村法律顾问，所有顾问律师均坚持“一月一走访，一年一堂课”机制。自建立驻村法律顾问制度以来，顾问律师主动到村了解村情民意 1000 多人次，为村提供法律服务 30 多次，参与法制宣传 150 多场次，主持或配合调解矛盾纠纷 100 多件次。

第三编
实践编

第九章

"枫桥经验"法治化的实践路径[①]

2014 年 10 月，党的十八届四中全会通过的《中共中央关于全面推进依法治国若干重大问题的决定》中明确提出，"全面推进依法治国，基础在基层，工作重点在基层"。2014 年 12 月 4 日中共浙江省委第十三届委员会第六次全体会议通过了《中共浙江省委关于全面深化法治浙江建设的决定》指出，"坚持创新发展'枫桥经验'，夯实法治建设的基层基础。把新时期'枫桥经验'作为法治浙江建设的重要载体。"2016 年是法治浙江提出十周年，在十年建设的历程中，"法治浙江"高度重视基层基础建设。"枫桥经验"法治化的实践路径，是法治浙江基层基础建设的重要表现，是法治浙江建设的重要载体。"枫桥经验"法治化的实践路径研究，对全国基层法治发展路径的研究也具有重要理论意义与实践意义。本研究主要通过对"枫桥经验"法治化实践的实际调研，从理论上总结出"枫桥经验"法治化的实践路径。

---

① 本部分已发表，收入本书时，有部分改动。参见尹华广：《"枫桥经验"法治化的实践路径》，载《绍兴文理学院学报》2018 年第 1 期。

第一节 “枫桥经验”与法治的关系

一、法治化是“枫桥经验”创新发展的必由之路

从1963年到现在，“枫桥经验”经历了诞生、推广、发展、创新四个不同的阶段。在诞生阶段，“枫桥经验”是把绝大多数的“地主、富农、反革命分子、坏分子”等“四类分子”改造成为新人的经验；在推广阶段，“枫桥经验”创造了三个具体的经验，即就地改造“流窜犯”、帮教失足青少年与一般违法人员和为“四类分子”评审摘帽的经验；在发展阶段，“枫桥经验”是社会治安综合治理的典范；在创新阶段，“枫桥经验”成为探索基层治理现代化（包括法治化）的经验。从内涵上看，“枫桥经验”是一个预防与化解社会矛盾的经验，是一个顺应时代发展的经验，是一个动态发展的经验。从精神实质来看，“枫桥经验”始终突出以人为本的理念，坚持群众路线、坚持实事求是、与时俱进。

“枫桥经验”是一个紧紧把握时代脉搏、始终围绕党和国家中心工作而动的经验。从新时期的时代背景看，我国已进入21世纪，进入全面建成小康社会阶段，在此阶段，体制性、机制性矛盾凸显，人们的民主意识、法治意识不断增强；从党和国家的中心工作来看，党的十八届四中全会提出全面推进依法治国的主题，并且明确指出，“全面推进依法治国，基础在基层，工作重点在基层”。所以，法治化是“枫桥经验”创新发展的必由之路。

二、“枫桥经验”推进了基层社会治理法治化

2013年，在纪念毛泽东同志为“枫桥经验”题词50周年前夕，习近平总书记对坚持发展“枫桥经验”做出重要指示，“各级党委和政府要充分认识‘枫桥经验’的重大意义，发扬优良作风，适应时代要求，创新群众工作方法，善于运用法治思维和法治方式解决涉及群众切身利益的矛盾和问题，把‘枫桥经验’坚持好、发展好，把党的群众路线坚持好、贯彻好”[①]。2014年，《中共浙江省委关于全面深化法治浙江建设的决定》明确指出：“以法治精神丰富和发展‘枫桥经验’，不断放大‘枫桥经验’效应。”

对于“枫桥经验”与法治的关系，学界也有许多相关研究。如学者们认为，“枫桥经验”是“软法”，[②] 是一种中国特色的法治生成模式。[③] 新时期，创新发展“枫桥经验”，应该坚持群众路线法治化[④]、坚持群众路线与法治思维相融合。[⑤]“枫桥经验”的创新发展丰富了法治浙江建设的内涵。[⑥]

---

① 王比学：《把“枫桥经验”坚持好、发展好 把党的群众路线坚持好、贯彻好》，载《人民日报》2013年10月12日。

② 韩永红：《本土资源与民间法的生长——基于浙江“枫桥经验”的实证分析》，载《中共浙江省委党校学报》2008年第4期。

③ 谌洪果：《“枫桥经验”与中国特色的法治生成模式》，载《法律科学（西北政法大学学报）》2009年第1期。

④ 周望：《“枫桥经验”与群众路线法治化》，载《中国浦东干部学院学报》2014年第4期。

⑤ 孙会岩：《群众路线与法治思维的融合——“枫桥经验”再探讨》，载《党政论坛》2014年第1期。

⑥ 许韬：《论“枫桥经验”的创新发展与“法治浙江”建设》，载《公安学刊》2009年第1期。

综上可以看出，“枫桥经验”与法治的关系主要体现在以下两个方面。一方面，“枫桥经验”已经发展到了法治化阶段，这是与我国全面推进依法治国的国情相适应，特别是与基层治理法治化的要求相适应的。另一方面，法治化对深化“枫桥经验”、创新“枫桥经验”提供了方向与路径，也充分体现了“枫桥经验”紧紧围绕党和国家中心工作而动、紧紧把握时代脉搏的特征。

第二节 “枫桥经验”法治化的实践

“枫桥经验”产生于枫桥，而又不限于枫桥，一切在“枫桥经验”的精神实质基础上所产生的经验均可称为“枫桥经验”。根据这一理解，本文选取了枫桥镇、诸暨市、绍兴市三个层级创新发展“枫桥经验”的典型事例进行分析。

一、实行法律专业人员下基层

在“枫桥经验”法治化的实践中，法律专业人员下基层制度或活动，取得比较好的成效。首先，枫桥公安派出所下基层，枫桥公安派出所在六个村（居）之间设立“警务中心”，在每个村（居）聘请“协警员”，第一时间掌握信息，做出处理决策。其次，专职律师下基层，枫桥镇一般每两个村共同聘用一名专职律师作为农村法律顾问，对于重点村则一村最多可以聘用两名专职律师作为农村法律顾问。对法律顾问实行“六个一”制度：(1) 每月一次走访。每月 10 日在所联系村开展一次农户走访，听取民情民意，询问法律需求。(2) 每季度一次法治大讲堂。以群众关心和常用法律法规为主要内容，每次讲堂要有不同重点。

(3) 每季度一次村务法律审查。对当季度所联系村的重大村务工作进行审查，提出规范要求。(4) 每年一次法律援助。每年为村民提供一次免费的法律援助和咨询服务。(5) 每年一份村"法治提升"建设报告。通过走访，村务审查等多种途径，为所联系村提供一份提升法治建设工作建议报告。(6) 每年一卷法治档案。包括走访记录、大讲堂内容、法治建设建议报告、村评价反馈测评表、免费诉讼服务情况表等。当村（居）有重大法律事务或法律纠纷时，必须听取法律顾问的意见，也对法律顾问进行绩效考核。最后，枫桥人民法庭、枫桥派驻检察室、枫桥司法所在重点村设立联络站，对村中两委会成员、人民调解员、治保员等进行业务培训，对重大疑难纠纷协助其解决。

二、基层政法部门积极参与地方基层社会治理

诸暨市人民法院枫桥人民法庭积极参与地方基层社会治理，切实发挥了人民法庭桥梁纽带和司法保障作用。枫桥法庭在这方面的主要做法是：

（一）为基层其他机构组织化解纠纷提供司法保障

枫桥人民法庭充分发挥人民法庭在依法治理中的纽带作用和在多元化纠纷解决机制中的示范、保障作用，为提高乡镇治理法治化水平做出了积极贡献。枫桥人民法庭通过《调解劝导书》、对人民调解协议进行司法确认等多种方式积极做好诉讼与非诉讼矛盾纠纷解决机制的衔接工作。

（二）对基层各类调解组织给予引导

枫桥人民法庭按照"不缺位、不越位、不错位"的原则，依法加强对人民调解委员会的业务指导，促进审判职能的有效发挥，为人民调解、行政调解和群众自治组织调处化解矛盾纠纷提

供法治样本和导向指引。枫桥人民法庭特别注意加强和规范与居民委员会、村民委员会等基层群众组织在化解矛盾纠纷中的联系和沟通，共同维护良好的基层社会秩序。枫桥人民法庭在重点村都建立了人民调解指导联络点，开通了网上指导调解专用QQ群。

（三）立足审判职能参与地方治理

枫桥人民法庭规定每月15日为公众开放日，在此日以观摩庭审、以案释法、判后答疑等多种形式，积极开展法治宣传，引导人民群众自觉履行法定义务、社会责任、家庭责任。枫桥人民法庭每季度向地方党委、人大报送涉诉矛盾纠纷专项报告，及时以出具司法意见书等形式向政府及其他相关部门提出司法建议，积极参与地方基层社会治理。

三、专业性调解委员会探索推广调解法治化

诸暨市交通事故调解委员会、医疗事故调解委员会、联合调解委员会三大专业调解委员会探索实行调解法治化，取得了很好的效果。诸暨市三大专业调解委员会调解法治化的实践主要表现在以下五个方面。

（一）调解主体方面实现法治化

主要表现为，在调解人员的构成中，必须有法律专业人员或法学专家担任调解员。例如，诸暨市交通事故调解委员会调解人员包含了公安、法院、司法、发改、保险等部门退休工作人员或现职工作人员，他们可以说是各自领域里的法律方面的行家里手。在诸暨市医疗事故调解委员会中，有一支专门的法学专家库队伍，主要由专职律师或法学专家组成。他们对医疗事故的法律责任划分、法律适用等提供专业的法律意见。在诸暨市联合调解委员会中，诸暨市法人民院所在地的联合调解委员会和各法庭所

在地的联合调解委员会分会中都至少有一名退休法官担任调解员，保证调解案件在法律的框架内并以法律为依据进行调解。

（二）调解依据方面实现法治化

在传统中国社会中，是依据“情—理—法”的顺序来化解社会矛盾的，因而“情”与“理”比法起着更为重要的作用。但是社会发展到现代，随着市场经济的发展，传统的家庭纠纷、邻里纠纷案件的比重越来越少，现代的经济纠纷特别是劳资纠纷、债务纠纷以及交通事故、医疗事故等比重越来越大。现在虽不能说每个案件都做到了依法调解，但“法律”比“情”“理”起的作用越来越大，越来越需要在法律的框架下、前提下调解案件，已是大势所趋。

（三）调解手段方面实现法治化

与调解依据实现法治化相适应，诸暨市交通事故调解委员会、医疗事故调解委员会、联合调解委员会在调解手段方面也实现了法治化。在2013年时，诸暨市人民法院立案庭的陈建丽法官发明了“陈法官调解QQ群”，以QQ语音视频的形式对诸暨市各专业调解委员会的调解工作进行网上指导，线上解答调解当事人的疑问，取得了很好的效果，当时的《人民法院报》《法制日报》都进行了报道。现在这样的指导调解QQ群不仅普遍用于指导专业性调解委员会，而且也推广至由法庭指导基层的人民调解委员会的调解。除了指导调解QQ群以外，现在诸暨市专业调解委员会还广泛利用微信手段来调解案件。在诸暨市交通事故调解委员会有专门的微信调解员，通过微信调解轻微的交通事故案件。

（四）调解结果方面实现了法治化

对于专业性调解而言，最大的难题并不是如何达成调解协议，而是达成了调解协议后如何得到履行。根据《人民调解法》

的规定，当事人达成的调解协议生效后 30 日内到人民法院进行司法确认的，具有强制执行的效力。这就很好地解决了人民调解协议不履行难以强制执行的问题。诸暨市三大专业调委会加大劝导和方便当事人对人民调解协议进行司法确认的力度。一般而言，对于重大疑难案件、需要分期付款的案件、标的额特别大的案件只要没有当场履行的，就劝导当事人对人民调解协议书进行司法确认。为方便当事人对人民调解协议书进行司法确认，诸暨市人民法院在诸暨市三大专业调委会分别设立了简易法庭，指定专门的法官负责人民调解协议书的司法确认。

（五）调解目标方面实现了法治化

所谓调解目标法治化，是指调解法治化的目标是为我国全面推进依法治国打下坚实的基础。在调解过程中，通过调解主体法治化、调解内容法治化、调解手段法治化、调解结果法治化的安排或设置，当事人就会明白在现代调解中法律有着至关重要的作用。当其自己或亲属下一次碰到矛盾纠纷时，首先想到的是用法律来解决问题，而非无理取闹、暴力解决或者信访。当我们的社会中绝大多数的人在遇到矛盾纠纷时，首先想到用法律来解决问题，则我们的全面依法治国就有了较为坚实的基础。

四、以乡规民约促进基层治理的法治化

以乡规民约促进基层治理的法治化方面，枫桥镇枫源村 2017 年 5 月 20 日经村民大会表决通过的最新版《枫源村村规民约》是典型。其内容规定：“为推进法治建设，促进经济发展，建设富强、民主、文明、和谐的社会主义新农村，形成优良村风，规定本公约，望全体村民共同遵守，如有违反，将黑榜公布。凡发生破坏村集体形象、损害村集体利益、影响村内稳定的，按《枫

源村村规民约实施细则》给予相应处罚。

第一，爱国敬业守法，不损坏公共设施，不侵占集体财物，不拖欠集体款项，不偷盗劳动果实。

第二，诚信友善待人，不虐待老人儿童，不伤害夫妻感情，不辱骂诽谤邻里，不拒绝守望相助。

第三，积极开展五水共治。

第四，垃圾分类做得好，分门别类要牢记，残羹剩饭瓜果皮，菜叶内脏绿桶进，其他垃圾灰桶进。

第五，门前屋后整洁，不乱丢乱倒垃圾，不乱搭乱建乱葬，不焚烧秸秆杂物，不阻碍道路通行。

第六，青山绿水，不乱砍滥伐林木，不乱排生活污水，不在绿化带种菜，不散养家禽家畜。

第七，小事不出村，不造谣传谣滋事，不参加迷信活动，不忽视消防安全，不参与越级信访。”

第三节　“枫桥经验”法治化实践路径的理论总结

“枫桥经验”法治化现在还正处于探索阶段，如何实现“枫桥经验”法治化并进行全面推广？可以从前述“枫桥经验”法治化的实践路径的四个典型经验中总结出如下理论：

一、坚持群众路线与法治思维、法治方式相结合

2013 年，在纪念毛泽东同志批示“枫桥经验”50 周年大会上，当时的中共中央政治局委员、中央政法委书记孟建柱指出：

“坚持把群众路线与法治方式结合起来，运用法治思维和法治方式预防化解社会矛盾，是‘枫桥经验’所蕴含的创新精神的必然要求。”① 五十多年来，“枫桥经验”就是坚持群众路线，坚持实事求是，与时俱进，不断创新，才先后创造了“改造四类分子”“就地改造流窜犯”“帮教失足青少年与一般违法人员”“为四类分子评审摘帽”“社会治安综合治理典范”等一系列的具体经验。在当下，首先，“枫桥经验”也要坚持群众路线，才能创造“枫桥经验”法治化的新经验。其次，要运用法治思维与法治方式。法治思维是一种规则思维、程序思维；法治方式，是一种限制公权力滥用的方式。法治思维与法治方式是一种追求公平、正义，保障权利与自由的思维与方式。“枫桥经验”法治化，就是要在创新发展“枫桥经验”的过程中，充分运用法治思维与法治方式。最后，要将群众路线与法治思维、法治方式相结合。只有将两者相结合，才可能既使“枫桥经验”发挥基层群众的首创精神，又使“枫桥经验”在法治的轨道上创新发展。才能既符合党和国家中心工作的要求，又紧紧把握住时代的脉搏。

二、坚持专群相结合

坚持群众路线与法治思维与法治方式相结合，也就意味着必须坚持专群相结合。法治思维、法治方式主要在专门机构那里表现得更充分，而群众路线主要在群众中充分体现出来。坚持法律专业人员与人民群众相结合，这是“枫桥经验”法治化的实践路径中的重要亮点，这在枫桥法律专业人员下基层、枫桥法庭积极

---

① 王治国：《坚持党的群众路线　创新群众工作方法　加强法制建设　为全面建成小康社会创造和谐稳定的社会环境》，载《检察日报》2013 年 10 月 12 日。

参与地方基层社会治理、诸暨市三大专业调解委员实行调解法治化中都有集中体现。以诸暨市三大专业调解委员实行调解法治化为例，在交通事故调解委员会中，法院有简易庭派驻，专门从事人民调解协议书的司法确认，或者受理简易交通事故案件起诉。除此之外，还有专职的交警受理交通事故纠纷责任划分等。在医疗事故调解委员会中，有专门的法律专家库，有些调解员既是专职医生，又通过法律执业资格考试，是医学专家与法学专家的结合体。在联合人民调解委员会中，一般由退休的法官与退休的司法所所长担任调解员。除了这些专业人员外，大多数调解员是从群众中选拔出来的，他们热心调解事业、理解群众诉求、关心群众疾苦。两者的结合，是专群结合的生动写照。

三、坚持法律与道德相结合

这是依法治国与以德治国相结合在基层的体现。在“枫桥经验”法治化的实践路径中，主要体现在“探索推广调解法治化”与“以乡规民约促进基层治理的法治化”中。在探索推广调解法治化中，三大专业调解委员会既坚持法治思维与法治方式，以法律手段、法律依据进行调解，同时又充分注意调解过程中讲道德、讲道理，实现了依法治国与以德治国在基层的结合。在“以乡规民约促进基层治理的法治化”中，首先，我们可以看到，现代的乡规民约其内容应该以法律性规范内容为主，其法律性规范的内容不得与国家法律、法规，党内法规等相违背；其次，也应看到，现代乡规民约仍然少不了道德的内容，道德的内容易于为老百姓所接受。但道德也不得与法律相冲突，当两者发生冲突时，应该以法律为准，而非以道德为准。最后，应将法律与道德结合起来，使二者相得益彰。因为法律是最低限度的道德，而道德比法律有更高的要求。

第十章

“枫桥经验”与调解

第一节 “稳——维稳”取向的大调解模式[①]

大调解是在我国社会转型时期矛盾尖锐、复杂、多发的背景下，首先在基层实践中出现，然后由中央向全国进行推广的一种解决矛盾纠纷的方式。大调解一出现，人们对它就有推崇和蔑视两种截然不同的态度。对大调解究竟应该如何评价？作为一种客观事实，大调解有其自身存在的逻辑与根据，只有将大调解存在的这种逻辑与根据认识清楚，才有对其进行评价的基础。所以本文的旨趣在于客观认识大调解，提炼大调解的模式。

本书主要采取价值无涉的方式对大调解进行分析。同时，还采用比较的方法，将大调解与西方的“权——维权”的司法模式进行比较，提出了“稳——维稳”的大调解模式。

① 本部分内容已发表，收入本书时有部分修改。参见尹华广：《论“稳——维稳”取向的大调解模式》，载《观察与思考》2013 年第 9 期。

一、大调解模式概述：以“权——维权”模式为参照

为了更清楚地认识大调解的模式，可将其与西方的司法模式进行比较研究。西方社会是权利本位的社会。早在古希腊、古罗马，就有权利的思想与制度。中世纪的托马斯·阿奎那，中世纪末期的格劳秀斯、霍布斯，17 世纪、18 世纪的斯宾诺莎、康德、黑格尔，19 世纪的边沁、耶林，20 世纪的霍菲尔德、哈特、米尔恩、迪亚斯等对权利概念都做了有益的探索，形成了“资格说”“主张说”“自由说”“利益说”“法力说”“可能说”“规范说”“选择说”等多种学说。[①]“资格说”认为，“最好把权利看作资格，即去行动的资格、占有的资格或享受的资格，而不管其客体是什么。”“主张说”认为，权利为“法律上有效的、正当的、可强制执行的主张。”“自由说”认为，“权利是自由的法律表达。”“利益说”认为，“权利乃法律所承认和保障的利益。”“法力说”认为，“权利是法律赋予权利主体的一种用以享有或维护特定利益的力量。”“可能说”认为，“权利乃法律规范规定的有权人做出一定行为的可能性、要求他人做出一定行为的可能性以及请求国家强制力量给予协助的可能性。”“规范说”认为，“权利乃是法律所保障或允许的能够做出一定行为的尺度。”“选择说”认为，“权利意味着在特定的人际关系中，法律规则承认一个人（权利主体）的选择或意志优越于他人（义务主体）的选择或意志。”[②] 权利观念是西方人根深蒂固的观念，是西方人生存

---

① 张文显：《法哲学范畴研究》，中国政法大学出版社 2001 年版，第 281~309 页。

② 张文显主编：《马克思主义法理学》，高等教育出版社 2003 年版，第 282~289 页。

的前提与基础。对于这样一种极其重要的权利，西方人通过什么来维护呢？他是通过法律，具体说是通过司法来维护的。西方司法的目标十分明确，就是维护法律规定的每个主体应有的权利，从而达到所谓的公平正义。因此，可以将西方的这种司法模式简称为“权——维权”的司法模式。

与西方的权利本位社会不同，传统中国社会是一个伦理本位的社会，追求和谐稳定，是传统中国社会的目标。中国的和谐稳定，既包括人与自然的和谐稳定，也包括人与人的社会和谐稳定，甚至包括人与己的内心和谐稳定。当然，从社会角度来说，主要是人与人的和谐稳定。怎样实现社会和谐稳定？传统中国主要靠礼俗和道德的力量。

现在中国正处于社会转型期，矛盾尖锐、复杂、多发。矛盾产生的原因多种多样，既包括类似西方社会的维权要求，也包括传统中国社会的追求和谐稳定的要求，还有其他一些诉求。任何单一的应对方式，都不能满足解决所有这些矛盾的需要。而大调解以其主体的多元性和解决方式的灵活多样性，基本上能满足解决这些矛盾的基本需求，即稳定的需求。因而，大调解的目标追求是社会稳定，其实现稳定的手段是维稳。大调解正是维稳的一种路径、方式与手段。支配大调解模式的有两个关键词：“稳”与“维稳”。两者之间的区别在于：“稳”反映了大调解模式所蕴含的价值目标，“维稳”反映了大调解模式所体现的路径、方法与手段。因此，大调解模式可以通过“稳——维稳”模式来展示。

二、“稳”：大调解模式追求的价值目标

何谓“稳”？“稳”即“平稳”“稳定”。从法学的视角来看，就是“秩序”，特别是指“社会秩序”。秩序“意指在自然进程

和社会进程中都存在着某种程度的一致性、连续性和确定性”[①]。秩序有五种规定性：(1)“秩序”与社会生活中存在一定的限制、禁止、控制有关；(2)它表明在社会生活中存在着一种相互性：每个人的行为不是偶然的和杂乱的，而是相互回答或补充他人的行为的；(3)它在社会生活中捕捉预言的因素和重复的因素：人们只有在他们知道彼此期待的情况下，才能在社会上进行活动；(4)它能够表示社会生活各组成部分某种一致性和不矛盾性；(5)它表示社会生活的某种稳定性，即在某种程度上长期保持它的形式。[②] 社会秩序是指秩序在社会领域的表现，是指社会进程中存在着的某种程度的一致性、连续性和确定性。

以“稳”为大调解模式的价值追求，是中国社会，尤其是转型期中国社会的现实需要。稳定对于中国社会的重要性，改革开放以来的历代领导人都有阐述，历次党代会的报告中也有体现。

1989 年 2 月 26 日，邓小平在会见当时的美国总统布什时说，“中国的问题，压倒一切的是需要稳定。没有稳定的环境，什么都搞不成，已经取得的成果也会失掉。”[③] 1994 年 5 月 5 日，江泽民在视察上海时说：要“把握好改革、发展、稳定的关系”，这三者中，“改革是动力，发展是目标，稳定是前提。”[④] 2011 年 7 月 1 日，胡锦涛在庆祝中国共产党成立 90 周年大会上说：“发展是硬道理，稳定是硬任务；没有稳定，什么事情也办不成。”[⑤] 2013

---

① 博登海默：《法理学：法律哲学与法律方法》，邓正来译，中国政法大学出版社 1999 年版，第 219 页。

② P. S. Cohen：The Modern Social Theory，London. 1968. pp. 18~19.

③《邓小平文选》(第三卷)，人民出版社 1993 年版，第 284 页。

④《江泽民文选》(第一卷)，人民出版社 2006 年版，第 365 页。

⑤ 胡锦涛：《在庆祝中国共产党成立 90 周年大会上的讲话》，载《人民日报》2011 年 7 月 2 日。

年1月28日，习近平在十八届中共中央政治局就坚定不移走和平发展道路进行第三次集体学习时说：“中国人民怕的就是动荡，求的就是稳定，盼的就是天下太平。”①

党的十六大报告有专门论述“维护社会稳定”的内容。报告强调“各级党委和政府要满腔热情地解决人民群众工作和生活中的实际问题。正确运用经济、行政和法律等手段，妥善处理人民内部矛盾特别是涉及群众切身利益的矛盾，保持安定团结的局面。”党的十六届四中全会通过的《中共中央关于加强党的执政能力建设的决定》从五个方面阐述了“维护社会稳定”的内容：“落实维护社会稳定的工作责任制”；“畅通社情民意反映渠道”；“提高保障公共安全和处置突发事件的能力”；“发挥司法机关惩治犯罪、化解矛盾和维护稳定的职能作用”；“加强和完善社会治安综合治理工作机制，依法打击各种犯罪活动，保障人民生命财产安全”。其中还特别强调了“建立健全社会利益协调机制，引导群众以理性合法的形式表达利益要求、解决利益矛盾，自觉维护安定团结”。党的十六届六中全会通过的《中共中央关于构建社会主义和谐社会若干重大问题的决定》第一次提出“积极预防和妥善处置人民内部矛盾引发的群体性事件，维护群众利益和社会稳定”。党的十七大报告提出要“完善社会管理，维护社会安定团结”，要“妥善处理人民内部矛盾，完善信访制度，健全党和政府主导的维护群众权益机制”。党的十八大报告指出，要“加强和创新社会管理，社会保持和谐稳定”，要“加强和创新社会管理，正确处理改革发展稳定关系，团结一切可以团结的力量，最大限度增加和谐因素，增强社会创造活力，确保人民安居乐业、社会安定有序、国家长治久安”，要“提高领导干部运用

---

① http：//news. sohu. com/20130129/n364947174. shtml.

法治思维和法治方式深化改革、推动发展、化解矛盾、维护稳定能力”。报告指出，“加强社会建设，是社会和谐稳定的重要保证。”党的十九大报告指出，要“社会治理体系更加完善，社会大局保持稳定，国家安全全面加强”。党的十九届四中全会报告指出，“各级党和国家机关以及领导干部要带头尊法学法守法用法，提高运用法治思维和法治方式深化改革、推动发展、化解矛盾、维护稳定、应对风险的能力。”要“坚持和完善共建共治共享的社会治理制度，保持社会稳定、维护国家安全。”

大调解模式追求的价值目标是否只有“稳”？这并不是一个没有争议的问题。从应然的角度来说，大调解也可以以“权”为价值追求的目标，但从实然的角度来说，这对转型期的大调解模式并不现实。因为转型期的中国，在坚持基本政治原则的前提下，人们价值多元、利益多元。每个人从自身的利益出发，会强调自己所要求的那一元，而忽视甚至反对别人坚持的另外一元。而从法律的角度，所有的“权利”之元都是合法的，都是应该受到保护的。这就会产生矛盾，就不会利于稳定。因而，如果以“权”为大调解追求的价值目标，反而会使矛盾激化，并不一定能实现“稳”的目标。当然，如果这里的“权”是指法律权利，则是肯定的。维权与维稳并不矛盾，而且更为重要的是，大调解维护的并不只是法律上的权利。在社会转型期，家庭的道德伦理，个人的心理平衡等非法律上的因素也非常重要，也是大调解维“稳”的内容，却并非大调解法律上维“权”的内容，因而笔者用“稳”，而非“权”作为大调解模式追求的价值目标。

三、“维稳”：大调解模式体现的路径方法

“维稳”即维护社会稳定，从法学视角来说，就是维护与保持社会秩序。在“稳”与“维稳”的关系中，稳定、秩序是目

标，维护稳定、保持秩序是路径、手段、方法。大调解是社会转型期“维稳”的重要方式、方法。它是在其他维稳方法显现出局限性的情况下出现的。其出现有一定的必然性，主要表现在以下几方面：

第一，人民调解“维稳”作用受到限制。由于市场经济的发展，趋利成为人们的追求，而人民调解无利可图，在某种意义上属于公益性质，其发展受到很大的影响。由于社会结构的变化，熟人社会逐渐向陌生人社会转化，人民调解的优势不明显。以前人民调解主要靠思想观念，靠生活在一起的熟人社会的无形约束来约束当事人，而随着现在思想观念的多元化和社会流动性的增强，当事人能轻易离开自己生活的熟人环境。这就使得人民调解的作用大打折扣。

第二，人民法院“维稳”作用受到限制。法院人少案多，有时不能高质量审理案件，有时会有执行不力的情况，从法律角度看，矛盾纠纷完结了，但事实上，案件本身并未得到真正解决，还有可能产生新的纠纷或使纠纷更加复杂。所以指望法院来解决转型期所有的矛盾纠纷也是不现实的。

第三，信访“维稳”作用受到限制。随着信访案件增多，恶意信访、重复信访的现象也屡见不鲜。政府接访的压力越来越大，政府很大的资源与精力都消耗在了信访上。对于解决一些重大、疑难案件，信访也许能发挥较大作用，但对于日常性的、大量的矛盾纠纷，信访的作用则大为受限了。

第四，其他“维稳”力量作用受到限制。除人民调解、人民法院、信访等最为主要的维稳力量外，其他的维稳力量如工商、公安、妇联等在维稳中也发挥了重要作用，但也存在较大的局限性。

在此情况下，大调解吸收了人民调解与信访、人民法院等各种力量维稳的优势。一方面，它吸收了人民调解不伤和气，更利于执行，也就是所谓彻底解决稳定问题的优点；另一方面，它也避免了人民调解资源不够，调解人员素质不高，专业性不强的缺点，而且又借鉴了信访、人民法院维稳的优势，既发挥了党政政治优势，又发挥了社会资源优势，结合调解机制优势，形成了较好的调解机制。

大调解实际上是对集中力量办大事的传统社会主义文化的继承，是以民为本，主动关注老百姓思想的体现。大调解能够调动一切可调动的资源，并符合老百姓不想打官司的心理，成本也低，因而具有吸引力。

正如有的学者指出的：“当下中国社会大调解制度的区域性呈现是在经济转轨、社会转型和思想转变过程中解纷模式的创新，它是各地方党委和政府在充分总结各类社会矛盾纠纷调解制度的经验与教训、优势与弊端的基础上，经过不断的探索和实践，逐步建构起来的新的调解社会矛盾纠纷的组织体系、行为规范和运作机制。”① 因而，它是实践经验的总结，而并不单纯是高层意见的执行。它的产生是现行政治运行机制产生的必然结果。

具体而言，大调解包含了人民调解、行政调解与司法调解，是这三种调解方式的对接。对接的方式多种多样，但无论是哪种方式，其目标都是“维稳”，它是维护稳定的方法、途径与手段。在某种意义上，它是以通过维护社会稳定，从而达到促进、维护政治稳定。

总之，大调解是一种以“稳定”为目标，以“维稳”为手段的解决矛盾纠纷的方式。它在我国社会转型期，由基层率先“创

---

① 吴延溢：《大调解：社会纠纷解决路径的制度创新》，载《南通大学学报》2011 年第 6 期。

造”出来，然后由中央在全国加以推广。在中国社会转型期，经济、政治、文化多方面正在进行转型，从而产生利益多元、价值多元的局面，社会矛盾也因此深刻而复杂。大调解以多种力量参与、灵活多样的方式满足了解决这种矛盾的要求。它的产生有其必然性。同时，我们也必须清醒地看到，大调解只是社会转型期的一种解决矛盾纠纷、维护社会稳定的方式。它并不能从根本上解决体制性、机制性的问题，也并不能根本解决“维权”的问题。只有法治才是解决这些问题的最终出路。所以，大调解只是一个过渡性质的维稳模式，中国最根本的维稳出路还是社会主义法治的发展。

第二节 “枫桥经验”：以“大调解”推进基层社会治理创新的实践与启示[①]

进行基层社会治理创新有多种方法，“大调解”是其中的一种。“大调解”对维护基层社会稳定，推进基层矛盾纠纷多元化解决，促进基层社会和谐稳定具有重要意义。以“大调解”推进基层社会治理创新，“枫桥经验”是典范。

---

① 本部分内容已发表，收入本书时有部分修改。参见尹华广：《“枫桥经验”：以“大调解”推进基层社会治理创新的实践与启示》，载《常州大学学报（社会科学版）》2013 年第 2 期。

一、“大调解”与基层社会治理创新的关系

所谓“大调解”，一般有广、狭两种不同含义。狭义的“大调解”是指市、县、乡、镇近年来成立的调解中心。广义的“大调解”是指在党委、政府的统一领导下，由政法综合治理部门牵头协调、司法行政部门业务指导、调解中心具体运作、职能部门共同参与，整合各种调解资源，对社会矛盾纠纷的协调处理。其目的是将民间调解、行政调解、司法调解等其他各种调解资源整合在一起，把纠纷化解在基层①。本书是从广义的角度来使用“大调解”的概念。套用应松年教授关于社会管理创新的概念，②可以认为，所谓基层社会治理创新，是指在现有的基层社会资源和治理经验的基础上，引入新的基层社会治理理念、知识和方法，对传统的基层社会治理模式及治理方法进行完善，从而建构新的基层社会治理机制，更好地实现基层社会治理目标的活动。“大调解”与基层社会治理创新的关系主要表现在以下两个方面：

（一）基层社会治理创新需要“大调解”

随着基层经济的发展、社会的转型、社会结构的变化，基层社会传统型矛盾，如婚姻家庭矛盾、邻里矛盾、生产矛盾、遗产矛盾、人身伤害矛盾、经济矛盾、交通事故矛盾等，数量不断扩张；新型矛盾，如非正常信访引发的矛盾、环境污染引发的矛盾、外来务工人员管理引发的矛盾、非法宗教活动所引发的矛盾等不断产生，社会矛盾呈现出尖锐、频发、复杂的发展态势。传

---

① 章武生：《论我国大调解机制的构建——兼析大调解与 ADR 的关系》，载《法商研究》2007 年第 6 期。

② 详见应松年：《社会管理创新引论》，载《法学论坛》2010 年第 6 期。

统的处理社会矛盾方法存在力量单一、党委政府支持力度不够、体制机制不完善等弊病，无法适应新型矛盾的处理，无法对群体性事件等社会转型期出现的严重的社会矛盾做出及时、准确的应对。因而，维护基层社会稳定，化解基层社会矛盾，促进基层社会的和谐，需要基层社会治理创新。而“大调解”建立了“强化党委统一领导、党政齐抓共管、农村工作综合部门组织协调、有关部门各负其责的农村工作领导体制和工作机制”，能将矛盾化解在基层、消灭在萌芽状态，符合基层社会治理创新的需要。

（二）“大调解”是基层社会治理创新的重要方法

“大调解”坚持调解优先，依法调解，充分发挥人民调解、行政调解、司法调解的作用。把人民调解工作做在行政调解、司法调解、仲裁、诉讼等方法前，立足预警、疏导，对矛盾纠纷做到早发现、早调解。县（市、区）矛盾纠纷调处工作平台与同级人民法院、人民检察院、司法行政机关、政府法制机构、信访部门及其他行政机关调解矛盾纠纷实现衔接，乡镇（街道）综治工作中心与驻乡镇（街道）派出机构调解矛盾纠纷实现衔接，村（居）调解组织与群众“一站式”服务窗口或警务室（站）调解矛盾纠纷实现衔接。通过县、乡、村工作平台，建立矛盾纠纷排查调处联动机制，按照提高效率、便民利民的原则，对矛盾纠纷做到统一受理、集中梳理、归口管理、依法处理、限期办理，实现受理、登记、交办、承办、结案各个环节工作衔接，落实调解责任单位和责任人。①“大调解”，既可预防矛盾，又可化解矛盾，能“把党的思想政治工作、群众工作与社会工作紧密结合，有效整合社会资源、行政资源和司法资源，实现社会矛盾纠纷常态化

---

① 中央综治委、最高人民法院、司法部等16部门联合印发：《关于深入推进矛盾纠纷大调解工作的指导意见》，载《长安》2011年第6期。

解，促进了社会管理从一元转向多元。”① 它是基层社会治理创新的重要方法。

二、“枫桥经验”以“大调解”推进基层社会治理创新的实践

“枫桥经验”是预防、化解矛盾的经验。新时期，枫桥地区坚持就地化解矛盾的工作理念，逐步构建起一个以人民调解为基础，融合司法调解、行政调解、仲裁调解和联合调解为一体，吸纳政府力量、专业力量、社会力量共同参与的社会化大调解格局，走出了一条科学高效惠民的社会管理新路子。② 其具体措施主要包括：

（一）以综治中心统领基层人民调解

诸暨市建立了社会矛盾调解联合委员会，统筹全市社会矛盾的预警研判、组织协调，形成政府领导、综治牵头、司法指导、部门协同、社会参与的工作格局。27 个镇乡（街道）全部建立人民调解委员会，下设一个或多个联合调解室，负责辖区具体调解事务。467 个行政村和 59 个社区以综治工作为平台，均建立人民调解委员会，由村居“两委会”负责人牵头，抓好矛盾纠纷属地摸排和就地化解工作。

化解社会矛盾以村一级为主体，村、社区、企业和新居民小区实行网格化管理，综治网格员个个都是调解员，对一般矛盾纠纷在第一时间先行介入，就地化解，做到家庭琐事不出户、邻里纠纷不出组、小事不出村、矛盾不上交。较为复杂的纠纷以综治

---

① 中共江苏省委研究室：《东方经验：人民内部矛盾的“大调解”》，载《求是》2010 年第 15 期。

② 冯静：《枫桥经验：创新社会管理》，载《党建》2011 年第 3 期。

工作中心为平台，按照登记、分流、督办、反馈等工作流程，实行一个口子受理，一站式解决。

（二）以政法基层单位为主体进行涉法涉诉调解

建立法院诉前调解、交通事故纠纷、劳动争议、消费纠纷、医患纠纷和婚姻家庭纠纷六大专业调解委员会，由司法局选派专业调解员“坐堂问诊”，实现法院诉前调解、行政机关调解、社团组织调解与人民调解的有机结合。诸暨市 16 个公安派出所建立了治安纠纷调解中心，由民警担任专职调解员，聘任当地有威望、会调解、公认度较高的退休老干部、老民警、老法官等为调解员，在第一时间把大量的治安纠纷化解在萌芽状态。法院和 5 个基层法庭建立了诉前调解中心，实行诉前劝导制，有效引导当事人先行调解，为老百姓打造一条省钱、快捷、和谐的绿色通道。检察院和 4 个乡镇检察室主动建立人民调解机制，促进检察环节轻微刑事案件的和解，实现检察工作与人民调解工作的有效对接。

建立健全“三调联动”的大调解运行机制，促进公调、审调、检调的有效衔接。公安在基层派出所成立治安纠纷调解中心，化解基层治安纠纷；法院在立案庭和基层法庭建立诉前联合调解分中心，对当事人实行劝调制，发放《调解劝导书》，引导当事人先行调解；检察院与司法局加强对刑事和解案件的对接，在镇乡检察室导入人民调解工作，实现检察工作与人民调解工作的互动互进。

（三）以行业协会为基础进行社会组织调解

在经济发展过程中，诸暨市形成了独特的块状经济模式，涌现了珍珠、袜业、五金、纺织服装等支柱产业的“市场群”。为有效规范市场秩序，化解经济纠纷，诸暨市在行业协会中普遍建立了调解组织，在大型市场建立调委会，聘请行业牵头人、经营诚信户、老工商干部等充当行业调解员，在行业内化解经济纠纷，加强行业自律，促进市场健康发展。

（四）以六大中心为骨干进行专业调解

在矛盾纠纷易发、多发的领域探索建立专业性调解组织，有很强的专业性和针对性，效果明显。2008 年 8 月，诸暨市在全省较早建立医患纠纷调解委员会，作为中立第三方专门化解医患纠纷。诸暨市还分别建立了劳资纠纷、消费维权、法院诉前、交通事故、婚姻家庭等六大调解中心，延伸到基层站所，由政府出资、部门主管、司法部门选派优秀调解员“坐堂问诊”，较好地实现了行政调解和人民调解的有机结合。

以医患纠纷调解委员会为例，诸暨市政府于 2008 年 10 月以市长令的形式出台了《诸暨市医疗纠纷预防与处置办法》，从成立之日起，医调会的一切工作紧紧围绕“化解医患矛盾、维护社会稳定”的目标展开；纠纷的受理范围从公立医疗机构发生的纠纷扩展到所有医疗机构发生的纠纷、从由医疗行为引起的医疗纠纷扩展到非医疗行为引起的医患纠纷调处。在花大力气调处历史遗留的医疗纠纷事件的同时，职能从人民调解扩展到调解与投诉处理和信访处置相结合，集中调解与现场应急处置相结合，有效地提高了工作效率，取得了较好的效果。组建 3 年来，医调会共受理医患纠纷 528 起，调解成功 514 起。

（五）构建调解网络

枫桥镇实行村（企）综治工作站、管理处综治工作分中心、镇综治工作中心三级调处，切实把矛盾纠纷化解在基层。镇综治工作中心主任由镇党委专职副书记担任。其具体调解方式有分级调处，矛盾纠纷实行镇综治中心，综治分中心，村（居）、企综治工作站三级调处。原则上由下至上逐级调处，调处未成逐级移送。在移送过程中，下级必须填写纠纷移送单和附上已有的事实材料，并结合事实，依照法律，提出较妥当的解决方案，有利于上一级调委会快速制定调解对策，提高调解时效。下级不能调处和直接在中心受理的矛盾纠纷，实行一站式受理，形成登记、分流、调处、督办、反馈、归档等工作流程，由中心主任实行签单式分流归口办理。具体实施以下调处手段：指令调处，指派给相应线、站或职能部门进行调处，如涉及土地纠纷，交镇国土资源所化解；涉及劳资纠纷，交镇劳管站化解。包案调处，对于疑难复杂矛盾纠纷，填写《领导包案处理表》，由中心负责人签署意见，指定镇相关领导协调有关部门调处。直接调处，对职能部门和站、线不能调处或其他需要由综治工作中心调处的矛盾纠纷，综治中心发挥统筹联动功能直接调处。联合调处、重大疑难纠纷和群体性事件，由党政主职领导亲手主抓，相关部门、当事人所在村的村干部或单位领导、人大代表、政协委员和有一定威信的党员群众协助解决。

强化分中心联动调解模式。增强管理处综治分中心调解力量，规范深化管理处与警务室、司法室、调解室相结合的“一处三室”联动调解服务模式。村建立综治网格，按村民代表数把村划分为相应数量的网格区域，分层实施两委干部联系村民代表、村民代表联系农户制度，网格责任人担当起矛盾纠纷信息员和“和事佬”角色，第一时间做好调解工作。调处未成逐级向上移送，填写好纠纷移送单，附上已有的事实材料，并提出较妥当的解决方案，利于上一级调委会准确及时地解决问题。下级不能调处和直接在中心受理的矛盾纠纷，实行一站式受理，形成登记、分流、调处、督办、反馈、归档等工作流程，由中心主任实行签单式分流归口办理。运用指令调处、直接调处、联合调处等方法解决矛盾，疑难复杂的矛盾纠纷由中心负责人指定镇相关领导包案调处。

枫桥镇建立起了镇、村居企、区域性、行业性四种形式的调委会，共有镇调委会 1 个，社区调委会 5 个，村企单位调委会 112 个，形成村居企、管理处、镇三级全覆盖的调解网络。据统计，全镇 85%以上的一般矛盾纠纷在村一级化解，15%以上的疑难矛盾纠纷在镇一级化解，近几年来，调处成功率均达到 97%以上，实现了政治形势稳定、社会治安有序、各项经济社会事业良好发展的局面。

（六）增强调委会力量

具体包括：（1）增强村调委会力量。将村两委会成员、驻村指导员、治保委、党小组长、村民代表整合进村调委会，增强村调委会的力量，还可邀请德高望重的老党员、老干部、部分人大代表等参与调解，落实村级调解工作。（2）增强企业调解力量。规模企业建立由企业党组织、工会、车间主任、职工代表组成的调解小组；在其他企业逐步建立调解室，配备调解人员。（3）增强产业调解力量。完善产业党组织建设，建立产业调委会，行业协会参与，共同解决产业内部企业间的矛盾纠纷，实现产业良性发展。2008 年，枫桥镇党委打破传统的以地域划分农村党小组的模式，在新择湖村进行试点，将该村党支部 89 名党员按从事行业不同，划分为废钢经营、防水材料生产、农业、老年等 8 个党小组，并制订小组活动计划和考核办法。现枫桥镇共有 6 个村推行产业党组织的做法。这一创新做法既促进了行业的健康发展，又充分发挥了党员的模范带头作用，实现了组织优势向发展优势的转化。目前在社会治理创新工作中，枫桥镇依托纺织、服装、机电、农业四个产业党总支平台，分别设立产业调解委，与行业协会共同解决企业间的矛盾纠纷。

（七）构建“大调解”平台与机制

枫桥镇2011年投资4500万元启动建设集公安、司法、法庭、检察、工商、医疗、个人调解室、产业调解室等专门力量和社会力量于一体的综合性调解中心，聘请部分人大代表、司法专业人员、律师为兼职顾问，不断完善“诉调对接”“检调对接”“公调对接”等工作机制，基本形成人民调解、行政调解、司法调解、仲裁调解相结合的大调解体系，切实化解涉及本地区的疑难复杂矛盾纠纷。

以“检调对接”为例，2010年7月，诸暨市人民检察院枫桥检察室挂牌成立，这标志着大调解体系的进一步完善。枫桥检察室已聘任枫桥镇11个行政村的村务监督委员会主任为检察联络员，并制定了《基层检察室检察联络员工作实施办法（试行）》，对检察联络员的聘任方法、任职条件、工作职责、法律培训等进行了详细的规定。截至2011年4月初，检察联络员已初步发挥作用，协助检察室进行社会调查4次，刑事和解3次，下访、巡访6次，调解、化解社会矛盾27次，协助检察室对社区矫正人员和被不起诉人员开展帮教7次，规劝通缉在逃犯投案自首1人。

“诉调对接”，是诸暨市人民法院枫桥人民法庭特色，该庭对前来诉讼的当事人，以《调解劝导书》① 的形式告知其诉讼可能带来的不利后果，告知其通过人民调解解决问题的好处与法律依据，劝解其先到人民调解委员会进行调解，调解不成再行诉讼，法庭会快速立案受理。

上述劝导其实只是枫桥人民法庭重要创新的一个环节。2003年，枫桥人民法庭提出了“四环指导法”。通俗地说，就是在诉前、诉时、诉中和诉后四个环节中，适时地对人民调解工作加以

---

① 具体内容详见本书第六章第二节。

指导。诉前，法官作为法律指导员，定期到人民调解委员会辅导工作；诉时，对于简单的诉讼案件，尽量引导到人民调解委员会解决；诉中，即法院开庭时，请人民调解员来陪审或旁听；诉后，即法庭判决以后，对人民调解委员会调解过的案件，及时向调解委员会反馈，为他们今后处理类似的纠纷案件提供借鉴。

(八) 建立以调解人为品牌的专业调解中心

杨光照已在枫桥派出所工作二十多年，荣获了全国优秀人民警察的称号。他继承"枫桥经验"的精髓和传统，依靠群众，将矛盾化解在基层，当地百姓亲切地称他为"老杨"。2008 年 7 月，枫桥派出所成立以杨光照名字命名的"老杨调解工作室"。在调解时，老杨始终把握 4 个原则，即依法、自愿、公正、公开，采取人性化疏导，成功调处了几百起矛盾纠纷。为了更好地调处矛盾纠纷，2011 年 4 月 1 日，"老杨调解工作室"升级为以专业调解人员为主、社区民警参与、特邀调解员辅助的"老杨调解中心"。该调解中心集行政调解、司法调解、人民调解于一体，受理"民警移交、其他单位委托、群众请求"的各类疑难矛盾纠纷。"改单兵作战为群体作战，这是深化'老杨'品牌、最大限度地化解矛盾的需要。"杨茂夫是另一例，他是浙江省优秀人民调解员，司法行政系统二等功获得者，作为退居二线的镇级领导干部，擅长调解、热心调解，枫桥镇也为其成立了专门的"老杨调解室"，当其退休后，镇政府又将其返聘回来。

三、"枫桥经验"以"大调解"推进基层社会治理创新的启示

从"枫桥经验"以"大调解"推进农村社会治理创新的实践中，我们可有如下启示：

（一）基层社会治理创新，必须夯实基层基础

夯实基层基础应当从以下几个方面着手：

第一，加强基层领导。重点是加强乡镇（街道）综治委、综治工作中心的领导。例如，枫桥镇综治委主任是由镇党委书记兼任，综治工作中心主任由专职副书记担任。人民武装部部长、法庭庭长、派出所所长、司法所所长、工商所所长等兼任中心副主任，配备8~12名专职工作人员。

第二，加强基层组织建设。“枫桥经验”中的“大调解”十分注重基层基础。本来，作为镇一级单位，似乎就只有镇、村（居委会）两级调解组织可以发挥作用。但枫桥镇却在镇与村（居委会）之间增加了综治分中心，在村委会与村民之间增加了村民代表这个层级，把原来只有两级的层级调解变成了三级调解，四级力量。同时，还在横向增加了企业调解委员会与产业调解委员会及其他专业调委会。真正做到了纵向到底，横向到边。

第三，创新基层工作体制机制。基层社会治理创新包括许多方面的内容，工作体制机制创新是其中的重点，它有利于形成长效机制，及时总结推广成功经验。“枫桥经验”中的“诉调对接”机制、“检调对接”机制等就很好地说明了这一点。

第四，加强基层保障。主要包括基础设施建设保障、办公经费保障、办公条件保障、工作人员待遇保障等方面。在此方面，枫桥镇综治经费是按需支取。2011年，枫桥镇投资4500万元启动建设集公安、司法、基层法庭、检察室、工商、医疗、个人调解室、产业调解室等专门力量和社会力量于一体的综合性调解中心，对村级调解干部实行“以奖代补”、以财政保证村两委主职干部享受每年不少于3.5万元的待遇、探索给村民代表一定补贴措施。

（二）基层社会治理创新，必须坚持专群结合

坚持专群结合，第一，要从思想的高度认识到专群结合对推进基层社会治理创新的重要性。首先，要重视“专”的作用。专门机关有着各自独特的职能，其职能发挥的多少与好坏对社会治理直接起着重要作用。在市场经济条件下，在社会现代化的发展过程中，专门机关的作用将越来越突出。其次，要重视“群”的作用，原中央政法委副书记王乐泉指出，社会管理创新，必须走群众路线。化解社会矛盾要始终把群众的利益放在首位，绝不能与民争利。人民群众是社会管理的主体，地方党委、政府要充分调动群众参与社会管理的积极性、创造性。① 最后，要重视专群结合。专群结合能实现力量结合、手段结合、工作结合，能充分发挥我国集中一切力量办大事的优良传统。在社会转型期，专群结合显得尤为重要。

第二，以工作上的专群结合推进基层社会治理创新。“大调解”是人民调解、行政调解、司法调解、仲裁调解等的结合。其中，人民调解代表的是群众的力量，行政调解、司法调解、仲裁调解代表的是专门机关的力量。具体结合的方式可以是多种多样的。以人民调解与行政调解结合为例，主要有：（1）委托调解。对于可以由人民调解组织调解的行政争议或有关的民事纠纷，各地各有关部门可以委托当地人民调解委员会进行调解，出具委托调解函；人民调解委员会收到委托调解函后，应立即受理，并根据纠纷性质，指派辖区内的人民调解员或专家成员进行调解。经调解达成协议的，出具人民调解协议书，函告委托的行政机关。（2）邀请调解。对于可以由人民调解组织参与调解的行政争议或

---

① 《王乐泉在河北调研时强调夯实政法综治基层基础大力推进社会管理创新》，载《长安》2011 年第 4 期。

民事纠纷，各地各有关部门应向当地人民调解委员会出具邀请函，邀请人民调解员参与行政调解活动。经调解达成协议的，出具行政调解协议书。(3) 联合调解。对于重大的行政争议或者社会影响广泛的民事纠纷，各地各有关部门认为有必要与人民调解组织联合进行调解的，应向当地人民调解委员会发出邀请函，邀请人民调解员联合进行调解。经调解达成协议的，出具行政调解协议书。(4) 指定调解。在行政调解过程中，争议一方有异议并自愿接受人民调解的，各地各有关部门可以根据当事人意愿指定有关人民调解委员会进行调解。经调解达成协议的，出具人民调解协议书，并函告进行指定的行政机关。

（三）基层社会治理创新，必须重视人才

人才在农村社会治理创新中起着至关重要的作用。以“大调解”为例，同样的矛盾纠纷，不同的人来调解，其效果就会截然不同。“枫桥经验”表明：要十分重视调解人才，要真正做到“人尽其才，才尽其用”，为基层社会治理创新服务，杨光照、杨茂夫就是例证。

第三节 “枫桥经验”与调解法治化①

当前中国正处于社会转型期，也是矛盾凸显期，日益增多的各类社会矛盾纠纷如何解决，是我们当前面临的重大课题。西方的经验表明，现代社会矛盾纠纷解决的最佳方式是法治。中国社会转型期也是法治的形成期。所以，我们需要一个既能促进社会

---

① 本文已发表，收入本书时有部分修改。参见尹华广：《“枫桥经验”与调解法治化研究》，载《行政与法》2015 年第 2 期。

矛盾纠纷解决，又能促进法治发展的机制。而调解的法治化，能担当起这两方面的功能。因为调解不仅具有解决社会矛盾纠纷的功能而且具有促进法治发展、实现中国特色法治现代化的功能。“枫桥经验”自诞生以来，一直致力于预防和化解矛盾，以将矛盾解决在基层、解决在当地为己任，创造了许多预防、化解社会矛盾纠纷的典型经验。“枫桥经验”中调解法治化的实践，为我们研究调解法治化提供了典型的实证材料。所以，在当下转型期的中国，研究“枫桥经验”与调解法治化，具有重要的理论价值与实践意义。

一、调解法治化及其功能

（一）调解法治化释义

所谓调解法治化，是指调解主体、调解手段、调解依据、调解结果、调解目标等要素的法治化。具体而言，调解主体法治化是指从事或参与矛盾纠纷调解的调解工作人员具有较为丰富的法律知识或较高的法律素养。调解手段法治化，是指调解的方法与技巧等具有法律特性，而非单纯的道德说服教育或与法律无关。调解依据法治化，是指调解的依据是法律，或者说法律在调解依据中占有特别重要的地位，而非只是情与理，或者虽然有法，但情与理占据首要地位，法只起次要作用。调解结果法治化，是指调解的结果具有法律约束力，甚至可以由法院在一定条件下强制执行。调解目标法治化，包含两方面的内容：一是对当事人而言，调解并不以解决当下矛盾纠纷为满足，而是要在调解的过程中，向当事人宣传、普及法律知识，通过调解的亲身经历，让当事人明白法律的含义、权威，从而让当事人在再次碰到社会矛盾纠纷时，能有意识地主动通过法律途径解决矛盾纠纷。二是对法治发展而言，由于调解具有自愿性，在调解过程中，当事人对法律的适用、对法律漏洞的处理等，通常会从让自己利益最大化的角度做出选择。这种具有共性的选择，对科学立法、严格执法、公正司法、全民守法具有重要的社会启示。

（二）调解法治化的功能

调解法治化的功能与调解的功能紧密相关。从某种意义上甚至可以说，调解法治化的功能是从调解功能中衍生出来的功能。具体而言，调解法治化主要具有以下三大功能：

1. 解决纠纷的功能。调解法治化是调解要素的法治化，其前提与基础是调解。在走向法治社会的背景下，调解最基础的功能是什么呢？日本著名法学家棚濑孝雄认为，“在社会法治化进程的背景下明显表现出来，而且从审判的角度看属非典型的大量纠纷，由于要求简易和灵活反映实际状况的解决，就使调解必然地作为能够回答这种要求的有效方式而引人注目。”[①] 因而，解决纠纷是调解的最基本功能，也是调解法治化最基本的功能。

2. 实现社会治理的功能。调解除了具有解决纠纷的功能外，还具有实现社会治理的功能。对此，中外一些知名学者有共同的认识。例如，美国学者陆思礼（Lubman）认为，调解的功能之一当然是解决纠纷，但除了解决纠纷，调解还具有实现社会治理的功能。[②] 国内调解研究专家范愉认为，“‘调解’在中国绝不仅仅是一种纠纷解决的技术或方式，而是社会治理的一种制度性或体

---

① ［日］棚濑孝雄：《纠纷的解决与审判制度》，王亚新译，中国政法大学出版社 2014 年版，第 49 页。

② ［美］陆思礼：《毛泽东与调解：共产主义中国的政治和纠纷解决》，许旭译，载强世功编：《调解、法制与现代性：中国调解制度研究》，中国法制出版社 2005 年版。

制性存在。"[①] 因调解具有此功能，调解法治化亦具有此功能。

3. 促进法律发展的功能。调解除了具有解决纠纷、实现社会治理的功能，还具有促进法律发展的功能。季卫东认为，"调解不仅仅作为单纯的解纷手段，同时还是一种使国家法律得以实现的制度。""调解在发挥解决纠纷这一外在功能的同时，也具有促进法律发展的潜在作用。"[②] 对此，国内许多学者持相同的或类似的观点。[③] 调解具有促进法律发展的功能，调解法治化具有促进法律发展的功能就更不言而喻。

当然，调解与调解法治化除具有上述三个功能外，还有其他功能。但在中国社会转型期，这三大功能尤为重要。同时，在中国社会转型期，国家强调运用法治思维、法治方式化解社会矛盾。中国走向法治社会的过程中，在坚持解决纠纷、实现社会治理功能的前提下，要大力发展促进法律发展功能。因为法治才是解决纠纷的最有效、最主要、最终的手段。

---

① 范愉：《调解的重构（上）——以法院调解的改革为重点》，载《法制与社会发展》2004年第2期，第115页。

② 季卫东：《调解制度的法律发展机制——从中国法制化的矛盾情境谈起》，易平译，载强世功编：《调解、法制与现代性：中国调解制度研究》，中国法制出版社2005年版，第31、60页。

③ 详见汪习根：《化解社会矛盾的法律机制创新》，载《法学评论》2011年第2期。陈旗：《论法院调解制度的创新——基于价值与功能的法理思辨》，载《法学评论》2007年第5期。李喜莲：《法院调解优先的冷思考》，载《法律科学（西北政法大学学报）》2010年第2期。洪冬英：《论调解的功能》，载《华东政法大学学报》2007年第6期。郑智航：《调解兴衰与当代中国法院政治功能的变迁——以〈最高人民法院工作报告〉（1981~2010年）为对象》，载《法学论坛》2012年第4期。

二、“枫桥经验”中的调解法治化：以诸暨市三大专业调解委员会的实践为研究对象

“枫桥经验”有狭义与广义之分。狭义的“枫桥经验”是指原诸暨县枫桥区即现在的诸暨市枫桥镇所产生的“改造四类分子”的经验。广义的“枫桥经验”是指随着时代的变迁，“枫桥经验”出于枫桥而又不限于枫桥，经验的内容随着时代的发展而不断变化。[①] 本文对“枫桥经验”中的调解法治化研究从广义“枫桥经验”视角进行。具体而言，选取诸暨市联合人民调解委员会、诸暨市医疗纠纷人民调解委员会、诸暨市道路交通事故纠纷人民调解委员会三个专业调解委员会调解法治化的实践为研究对象。之所以选取这三个专业调解委员会为研究对象，主要是因为这三个专业调委会在调解法治化方面有许多成功的做法，在全国产生了较大的影响。

（一）诸暨市三大专业调解委员会概况

1. 诸暨市联合人民调解委员会。2008 年 10 月，诸暨市司法局建立了市联合人民调解委员会（以下简称联调委），创设人民调解与民事诉讼优势互补的大调解工作平台。市联调委接受司法局、法院的管理和业务指导，由司法局聘请专职人民调解员开展工作，办公地点设在市人民法院立案大厅内，主要调解婚姻家庭、财产性、生产经营性、侵权性等矛盾纠纷。现有 4 名具有调解工作经验、法律知识丰富的人民调解员组成，设两个调解室，配备电脑、复印机、电话机等办公设备，人员经费由市财政给予全额保障。

---

① 详见笔者《论构建基层矛盾的多元化解决机制——基于“枫桥经验”的实证分析》一文，载《公安学刊》2011 年第 4 期。

2010年7月，在枫桥、牌头、湄池、草塔、璜山五个区域设立市联合人民调解委员会调解中心，办公地点设在相应区域人民法庭，每个中心由司法局聘请2名人民调解员，以社会阅历、法律经验丰富的退休法官和司法所长为主组成。

自2008年市联调会建立以来，共受理各类民事、经济纠纷等案件3662起，成功办结2729起，涉案金额为20248.2万元，调解成功率达到74.5%，自动履行率达到90%以上。2011年，时任浙江省委书记的赵洪祝视察了市联调委，对其做法给予充分肯定。2013年最高人民法院院长周强到市联合人民调解委员会枫桥调解中心调研，对其做法给予高度评价。

2. 诸暨市医疗纠纷人民调解委员会。2008年10月，诸暨市建立医疗纠纷调处新机制。该机制的核心是：用人民调解组织的方式化解医疗纠纷，其特点是中立、公平、公正，关键是有公信力。诸暨市政府明确规定由司法部门组建医疗纠纷人民调解委员会（以下简称医调委）并负责其日常运行，每年提供专项经费30万元，并配备一辆工作用车，以确保医调委的中立性。诸暨市医调委由三部分人组成：一是具有医学、法学专业知识的专职调解员4人；二是聘请24名兼职调解员，成员均为各个乡镇街道调委会或综治中心负责人；三是医学和法律专家队伍，聘请市内外医学专家30名和法律专家23名。

据统计，医调委自2008年12月成立以来，共受理1030件，成功调解1013件，调解成功率达98.3%，赔偿总金额达2121万元。自医调会成立以后，没有一起医疗纠纷到市政府上访。2010年诸暨市医调委被司法部命名为“模范人民调解委员会”。2012年当时的医调委主任斯友全被司法部授予“全国人民调解能手”称号。

3. 诸暨市道路交通事故纠纷人民调解委员会。2012年7月，诸暨市成立道路交通事故纠纷人民调解委员会（简称交调委）。在市区设立道路交通事故调解中心。公安、司法、法院、保险、发改委五部门进驻中心，根据各自职责进行道路交通事故行政调解、人民调解、司法调解、审理判决、保险理赔、车损定损，法律服务等各项工作，形成“同进一个门，解决所有问题”的“一站式”服务新格局。中心现有工作人员 38 名，其中主任 1 名，副主任 3 名，人民调解员 15 名。中心以快速、高效、便民为出发点，实行道路交通事故受理、调解、物品估价、保险“一站式”化解；提供律师、公证、法律援助、人民调解、司法鉴定等“一条龙”法律服务，切实为群众排忧解难，全力维护社会的和谐稳定。

在大唐、店口、山下湖等 8 个基层中队设立乡镇交通事故纠纷调解室，有人民调解员 12 名，负责调解辖区内的道路交通事故纠纷，方便当事人就近就便进行交通事故调解。

市交调委自成立以来，已累计受理交通事故纠纷共 9767 件，调处 9508 件，调处成功 9195 件，调处成功率达 96.7%。经交调委调处的交通事故纠纷没有发生一例上访事件。李强、王辉忠等当时的浙江省领导曾到市交调委调研指导，交调委的工作得到他们的充分肯定。

（二）诸暨市三大专业调委会调解法治化的实践

诸暨市三大专业调解委员会调解法治化的实践主要表现在以下五个方面。

1. 调解主体法治化。诸暨市联调委的调解主体主要由两类人员组成。一类是退休法官，一类是退休司法所长。退休法官拥有深厚的法律素养，能保证案件在法律的框架下得到调解，能保证一些涉法性很强的疑难案件，得到顺利调解。这是调解主体法治化的重要表现。在诸暨市医调委中，专职调解员是兼有医学、法学专业知识的人员。被司法部授予“全国人民调解能手”称号的斯友全主任既是医学专家也是法学专家。除此之外，医调委还另外聘请了23名法律专家，这更加保证了调解主体的法治化。诸暨市交调委涉及公安、司法、法院、保险、发改委五部门，这五个部门的调解人可以说是各自领域解决交通事故纠纷的法律专家，其调解主体法治化倾向更为明显。

2. 调解手段法治化。为了增强调解的法治指导，让人民调解切合法治精神，诸暨市三大专业调委会与诸暨市人民法院开通的“陈法官指导调解QQ群”建立了紧密的联系。当当事人或调解员对调解案件事实定性、法律适用有疑问，甚至当事人想了解法院对自己调解案件的意见时，都可开通“陈法官指导调解QQ群”，通过语音、视频“面对面”得到法官对具体案件的指导。

这里的“陈法官指导调解QQ群”，是指由诸暨市人民法院资深法官陈建丽带领立案大厅轮流值班的年轻法官于2013年3月底建立的一个指导调解的QQ群，他们通过语音、视频“面对面”对各专业人民调解委员会、各乡镇人民调解委员会和一些重点村的人民调解委员会的调解工作进行具体指导。“陈法官指导调解QQ群”开通后，取得了相当好的效果，《法制日报》《人民法院报》等对其事迹进行了报道。

3. 调解依据法治化。传统调解纠纷的依据是“情理法”，“情理”排在“法”的前面，而现代调解中，虽然不能笼统地说在所有案件调解中，“法”已排在了“情理”的前面，但“法”的作用越来越重要，所有案件必须在法律的前提下、在法律的框架下进行调解，这是没任何异议的。有些涉法性很强的案件，如劳资纠纷、工伤事故、医疗事故、交通事故、债务纠纷等案件，其调解依据，已明显是“法”排在“情理”的前面。这在诸暨市三大专业调委会中体现得尤为明显。

诸暨市联调委与人民法院建立了诉调对接机制，制定了《调解劝导书》，根据《人民调解法》的规定，接受法院委托调解案件。医调委坚持依法调解，有效避免“同案不同赔”事例的发生。例如，在楼某与诸暨一医院的医患纠纷处理中，楼某情绪激动，咬定要 40 万元赔偿，医院为“摆平”此事，超标准答应给予 37 万元，到调委会签署调解协议时，医调委主任斯友全认为“非法治”不给签，先后又对双方做了十多次工作，也让楼某自己去法院打听伤残赔偿标准，“看看我建议的数额是否合法”。最终，双方签订了 27 万元的赔偿协议。交调委的人民调解员运用专业法律知识把法律法规、赔偿等问题讲明讲透，有效增强了当事人的法律意识，使交通事故纠纷当事人各方心服口服，减少可能的诉讼、上访或因当事人情绪过激导致刑事案件等影响社会稳定的某些极端行为，降低了交通事故纠纷的对抗性，有利于将纠纷处置在一线，化解在基层，彰显人民调解“社会矛盾减压器”“社会关系润滑剂”之作用。

总之，诸暨市三大专业调委会坚持依法调解，以法律为准绳，以法治为标杆，杜绝了调解“和稀泥”，“一团和气”“调而不解”等现象。

4. 调解结果法治化。为了使调解内容得到有效执行，增强调解效果的权威性，诸暨市三大调委会对一些特殊案件，如重大案件、疑难案件、需要分期付款案件，普遍采用了将人民调解协议进行司法确定的形式。对人民调解协议的司法确认，《人民调解法》第 33 条是这样规定的：“经人民调解委员会调解达成调解协议后，双方当事人认为有必要的，可以自调解协议生效之日起 30 日内共同向人民法院申请司法确认，人民法院应当及时对调解协议进行审查，依法确认调解协议的效力。人民法院依法确认调解协议有效，一方当事人拒绝履行或者未全部履行的，对方当事人可以向人民法院申请强制执行……”在《人民调解法》出台前，联调委也有将重大案件的人民调解协议转化成法院的民事调解协议的做法。

为了方便调解协议的司法确认，诸暨市人民法院专门设立了审判简易案件的第九审判庭，它与联调委只有一墙之隔。只要有需要，法庭法官可到联调委办公室进行司法确认，也可由当事人到第九审判庭进行司法确认。医调委就在诸暨市法院办公楼的对面，司法确认也很方便。交调委虽然离法院较远，但在市交调中心有诸暨市法院的派出法庭，人民调解协议书可在该法庭中得到司法确认。

5. 调解目标法治化。相对于调解主体、调解手段、调解依据、调解结果的法治化而言，调解目标的法治化表现得还不是特别明显，但这并不能否定在调解过程中人民调解委员会对调解目标法治化的追求，诸暨三大专业调解委员会的情形正是如此。在联调委中，调委会受理的是准备向法院起诉、在法院的调解劝导下同意联调委进行调解的案件。如果该类案件没有调解成功，最终还会回到法院起诉。这样一个过程，就是让当事人通过亲身经历明白法律的含义、权威的过程，就是有利于实现调解目标法治化的过程。在医调委中，调解委员会坚持以法律为准绳，“同案同赔”，其目的在于再次碰到同类医疗纠纷时，当事人能树立法律意识，主动地通过法律途径解决医疗纠纷，而不再有“小闹小解决、大闹大解决”的想法。在交调委中，调解委员会并不以解决当下纠纷为满足，而是在调解的过程中，向当事人宣传、普及法律知识，引导更多纠纷当事人通过合法渠道解决矛盾，有效避免矛盾激化。这些正是调解目标法治化的体现。

三、“枫桥经验”对我国转型期推进调解法治化的启示

从“枫桥经验”的调解法治化实践中，我们可以看出，要实现调解法治化主要应从调解主体法治化、调解手段法治化、调解依据法治化、调解结果法治化、调解目标法治化等方面人手。“枫桥经验”的调解法治化实践对我国转型期推进调解法治化工作有如下启示：

（一）推进调解法治化，要提高以法治思维、法治方式化解矛盾纠纷的能力

十八大以来，党和国家高度重视以法治方式化解矛盾，维护稳定的能力。从“枫桥经验”调解法治化的实践，可以看出：推进调解法治化，就要提高以法治思维、法治方式化解矛盾纠纷的能力。于此，至少需要做到以下两点：

首先，推进调解法治化，提高以法治思维、法治方式化解矛盾纠纷的能力，要树立以人为本的理念。中国社会转型期社会矛盾纠纷主要表现为公民利益诉求的矛盾纠纷。如何满足公民利益诉求，维护公民合法权利，应是中国转型期化解矛盾纠纷的重心，也是维稳的中心。而法治的核心是对公权力的约束，对公民权利的保障。以法治思维、法治方式化解矛盾纠纷，就是要将单纯的维稳思维转向维权思维。这就需要树立以人为本的理念，以法律为准绳，约束公权力，将权力关进制度的笼子里，切实保障公民的权利。

其次，推进调解法治化，提高以法治思维、法治方式化解矛盾纠纷的能力，要正确处理调解与法律的关系。一方面，在调解法治化中，调解与法律之间并不是矛盾的关系，而是一种相辅相成的关系。调解中运用技巧与方法、运用情与理，当事人更能自

觉接受法律的规定。另一方面，在法律的前提下，运用法律依据进行调解，能使调解具有权威性，更有利于当事人自觉接受调解结果，自愿履行达成的调解协议。

（二）推进调解法治化，要以社会实践的需要为中心

从“枫桥经验”调解法治化的实践可以看出，调解法治化并不仅仅是一个美丽的名词，也不仅仅是一个为经验而创造的经验。它是社会实践的切实需要，又是社会潮流发展的真切需要，在某种意义上，它甚至就是现实需要所逼出来的经验。改革开放进入21世纪后，我国一些机制性、体制性矛盾凸显，与此同时，民众的民主意识、法治意识明显增强。在这样的大背景下，单纯地用传统的调解方式已不能很好地解决矛盾纠纷。只有用调解法治化的方式，才能既满足解决纠纷的需求，又满足民众民主、法治意识增强的需求，还能满足我国法治发展的长远要求。

当然，对于调解法治化也不能一概而论，不同领域、不同矛盾纠纷对调解法治化的需求也是不一样的。对于传统的家庭纠纷、邻里纠纷等矛盾纠纷还是要以情理为主进行调解，不一定非要强调法治化，而对劳资纠纷、医疗纠纷、交通事故纠纷、环境污染纠纷等矛盾，则一般非法治化不能调解成功。推进调解法治化，要以矛盾纠纷为中心，以社会实践的需要为中心。

（三）推进调解法治化，要领导高度重视

从“枫桥经验”调解法治化的实践可以看出，在中国转型期推进调解法治化，不能靠民间自发要求，自发形成，而是要领导重视，由政府率先试点，率先推进。诸暨市三大专业调委会就是在诸暨市市委、市政府领导的高度重视下推进的。

诸暨市市委提出关于建设“平安诸暨”的总体要求，市委办出台《关于建立人民调解与民事诉讼衔接联动机制的工作意见》，

在此基础上，2008 年 10 月诸暨市建立了联调委。诸暨市政府以市长令的形式出台了《诸暨市医疗纠纷预防和处置暂行办法》，在市长令出台的同时，诸暨市政府同时出台了《关于建立诸暨市医疗纠纷人民调解委员会的工作意见》，在此基础上，2008 年 10 月诸暨市建立了医调委。2012 年 7 月 8 日，诸暨市道路交通事故调解中心开始试运行，为更好化解道路交通事故矛盾纠纷，诸暨市政府出台了诸政办发〔2012〕156 号文件，对诸暨市交调委的机构设置、职责分解、内设办公室的功能、工作流程、工作保障等作了明确规定。同时，诸暨市委市政府规定，专业调委会业务上由司法局主管，所有办公经费、聘请人员工资、奖金都由市财政拨付。

由此，我们可以看出，在转型期的中国推进调解法治化，领导高度重视是一个非常重要的因素。

（四）推进调解法治化，要整合各种力量

从“枫桥经验”调解法治化的实践可以看出，推进调解法治化并非单独某一个部门或单独某一种力量就可实现的，必须要整合各种力量。例如，诸暨市联调委的调解法治化，就是法院系统与司法行政系统的结合，就是退休法官与退休司法所长的结合。医调委的调解法治化，则既是医药行政系统与司法行政系统的结合，也是医学专家与法学专家的结合。交调委的调解法治化，则整合了公安、司法、法院、保险、发改五部门的力量，是这五个部门工作人员的结合。

由此我们可以看出，推进调解法治化，不能由司法行政系统一个部门推进，也不能由法院系统一个部门推进，而是要根据调解的对象不同，整合不同的部门与力量。

第十一章

“枫桥经验”与基层社会纠纷多元化解决机制[①]

我国正处于社会转型期，社会转型期的重要特点是社会纠纷尖锐、多发、复杂，这在基层表现尤为突出。所谓基层，一般是指最低一级的党组织、国家政权组织以及按宪法规定设立的群众自治组织。基层政府主要指乡镇政府，群众性自治组织——村委会是基层的底层。[②] 面对转型期基层社会纠纷的这些特点，我们该怎么办？构建基层社会纠纷多元化解决机制无疑是一条非常值得探索的路径。“枫桥经验”自诞生以来，一直致力于预防和化解矛盾，以将矛盾解决在基层、解决在当地为己任，创造了包括构建社会纠纷多元化解决机制在内的一系列典型经验。基于此，本文主要研究四个方面的问题：一是基层矛盾多元化解决机制的

① 本文已发表，收入本书时有部分修改。尹华广：《论构建基层矛盾的多元化解决机制——基于“枫桥经验”的实证分析》，载《公安学刊》2011 年第 4 期。

② 祝德：《正确化解基层矛盾　构建农村和谐社会》，载《前沿》2006 年第 6 期。

基本理论；二是揭示“枫桥经验”发展历程中的基层社会纠纷多元化解决机制；三是揭示“枫桥经验”创造的基层社会纠纷多元化解决机制的典型做法；四是在前两者的基础上探讨“枫桥经验”对构建基层社会纠纷多元化解决机制的启示。

第一节　转型期基层矛盾概况及多元化解决机制的基本理论

一、转型期基层矛盾的概况

随着经济的发展，社会的转型，各种传统型的基层矛盾随之扩张、传统型纠纷类型数量激增。与此同时，产生了一些新的现代型的基层矛盾。传统型矛盾主要表现为：婚姻家庭纠纷、邻里纠纷、生产纠纷、遗产纠纷、人身伤害纠纷、经济纠纷、交通事故纠纷、犯罪纠纷等。新的现代型的基层矛盾主要表现为：

（一）涉土性矛盾

土地是农民的命根子，是农民赖以生存的基础。随着城市化建设进程的加快、中央惠农政策的不断出台、农业税和其他涉农费用的不断减免，农村涉土问题越来越凸出。突出表现在土地承包分配、宅基地扩建、土地置换流转、土地征用拆迁、违章建筑等方面。

（二）失地农民就业困难引发的矛盾

随着我国城市化的推进与交通设施的大发展，越来越多农民的土地被征收，失地农民就业问题就被摆在了眼前。而由于全国就业的大形势本身就不容乐观，同时失地农民普遍文化程度偏低、没有进行过专门的技能培训、本地企业为节约成本往往喜欢招收外地农民工等原因，失地农民就业就更为困难。

（三）村务管理问题引发的矛盾

村务管理问题是当前政府与农民关注的焦点问题。主要表现在村级党支部和村民委员会换届选举、民主理财、村务公开、村级企业收入分配与土地征收补偿款使用，以及少数村干部任意挥霍（挪用）集体资金、贪污受贿、收受好处等方面。

（四）外来务工人员管理引发的矛盾

随着我国经济的发展，越来越多的外来务工人员涌入城市。外来务工人员与雇主之间、其他城市人员之间、外来务工人员之间的矛盾与纠纷由此产生。

（五）群体性事件引发的矛盾

所谓群体性事件是在正常社会矛盾冲突解决机制难以奏效的情况下，社会群体中的部分成员为改变党委政府在某一政策或社会现实所进行集体行动时所发生的一种集体越轨行为。①

（六）非正常信访引发的矛盾

《信访条例》修正并实施后，各地建立并完善了各种信访制度，信访工作有了明显的提升，但是，影响大局稳定的非正常信访却逐年攀升，主要表现为上访人闹访、缠访或越级访。其所引发的矛盾，已成为影响社会稳定的突出问题。

（七）环境污染引发的矛盾

随着经济的发展，很多村、乡镇都有一些小型企业，一些发

---

① 陈信勇、孙云等著：《社会矛盾多元化解决机制理论与实践》，知识产权出版社 2009 年版，第 210 页。

达地区甚至有大型或超大型的企业。这些企业或排放有害、有毒烟气，或排放污水等，造成了空气、土地、水源等污染，从而引起了矛盾。

（八）非法宗教活动所引发的矛盾

在基层，有一些非法宗教组织冒用宗教名义从事非法活动，散布歪理邪说与反党、反政府的言论，模糊基层群众的价值观。更有甚者还有组织、有预谋地与党和政府对抗。

二、矛盾多元化解决机制的基本理论

何谓“矛盾多元化解决机制”？在这个概念中，有两个关键词必须首先理解，一是“多元”，二是“机制”。多元，是相对单元、单一而言的，是指主体、层次、方法、手段、评价体系等非单一化、多样化。机制一般是指，“一个工作系统的组织或部分之间相互作用的过程和方式”①。矛盾多元化解决机制，是指在特定社会中，多种多样的矛盾解决方式以其特定的功能和运作方式相互协调地共同存在，所结成的一种互补的、满足社会主体的多样需求的程序体系和动态的调整系统。②

关于矛盾多元化解决机制的外延，有两种不同的观点：一种观点认为，它是指诉讼以外的非诉讼矛盾解决机制，也有学者称之为可选择性矛盾解决机制即所谓的 ADR（Alternative Dispute Resolution）；另一种观点认为，它是指所有矛盾解决机制，具体地包括正式的、以诉讼渠道解决矛盾的方式，也包括非正式的、

---

① 中国社会科学院语言研究所词典编辑室编：《现代汉语词典》，商务印书馆 2005 年版，第 628 页。

② 范愉：《以多元化纠纷解决机制保证社会的可持续发展》，载《法律适用》2005 年第 2 期。

以非诉讼渠道解决矛盾的方式，既包括官方的矛盾解决方式，也包括民间的矛盾解决方式。学者和司法实务界多数人士持这一观点。笔者赞同后一种观点。

矛盾多元化解决机制的构成要素主要包括：

1. 纠纷解决主体，即纠纷解决机构及人员。按照矛盾的诉讼解决方式与非诉讼解决方式的不同分类，纠纷解决主体也各不相同。矛盾的诉讼解决方式的主体主要是法院与法官、检察院与检察官、公安部门与公安人员、律师事务所与律师等；而矛盾的非诉讼解决方式的主体就广泛得多，可以包括党委、政府、司法机关、公司企业、群众自治组织、中介组织、民间团体、公民个人等。

2. 纠纷解决的依据，即纠纷解决的法律规范与社会规范。按照矛盾的诉讼解决方式与非诉讼解决方式的不同分类，纠纷解决的依据也各不相同。矛盾的诉讼解决依据主要就是法律，具体包括宪法、基本法、非基本法、行政法规、部门规章、地方性法规、行政规章等；而矛盾的非诉讼解决依据除必须遵守前述的法律外，还可将社会的自律条例如村规民约、社会的善良风俗、传统道德、习惯等作为依据。

3. 纠纷解决的方式，即纠纷解决的途径。纠纷解决的方式主要有：（1）协商，又称谈判，是一种以互相说服为目的的交流和过程，实质是双方的一种交易活动。协商的目的是达成解决纠纷的协议。（2）调解，是协商的延伸。其特点是：由中立的第三人作为调解人介入纠纷处理但不作出决定，最终处分权由当事人自行掌握。调解是以协商为基础的纠纷解决方式。（3）裁决，由矛盾解决机构作出判断和决定。裁决的方式有仲裁、司法判决和行政裁决。

从上述矛盾多元化解决机制构成要素来看，无论是纠纷解决主体、纠纷解决依据还是纠纷解决的方式都是多元的。

第二节　“枫桥经验”探索基层矛盾多元化解决机制的实践

在基层，探索矛盾多元化解决机制，既是党和国家所提倡与要求的，也是基层自身的迫切需要。绍兴市对此已创造了不少成功的经验，其中，“枫桥经验”已享誉全国。

对“枫桥经验”，我们可以进行狭义与广义的划分。狭义的“枫桥经验”是指枫桥地区所创造的为全国所推广的典型经验，而广义的“枫桥经验”则不限于枫桥地区。全国各地按照狭义“枫桥经验”的精神实质所创造出来的所有经验，都可称之为“枫桥经验”。为论述的方便，本文广义的“枫桥经验”仅取材绍兴市除枫桥地区以外的基层经验，在此特加说明。

一、狭义的“枫桥经验”：基层矛盾多元化解决机制的典范

狭义的“枫桥经验”产生于1963年的社会主义教育运动，根据不同的时代背景，其发展历程可大致划分为诞生、推广、发展和创新四个阶段。

诞生阶段。在1963年的全国社会主义教育运动中，当时的诸暨县枫桥区坚持少捕人，依靠群众，以说理斗争的形式把绝大多数的地主、富农、反革命分子、坏分子等“四类分子”改造成为新人，创造出“依靠和发动群众，坚持矛盾不上交，就地解决，实现捕人少、治安好”的成功经验，受到当时到浙江检查工

作的公安部领导的肯定。同年11月22日，毛泽东同志在公安部关于“枫桥经验”的一个文件上亲笔批示：“要各地仿效，经过试点，推广去做”。后来，中央又两次对“枫桥经验”作出了批转，由此，“枫桥经验”成为全国政法战线的一面旗帜。

推广阶段。“文化大革命”时，“枫桥经验”被污蔑为“修正主义的黑样板”“资产阶级的人性论”的典型，推广工作由此中断。但枫桥的干部群众始终坚信自己的做法和毛泽东同志的批复是正确的，坚持对“四类分子”实行思想教育、生产劳动和监督管理，20世纪60年代后期至20世纪70年代初期，先后创造了就地改造流窜犯、帮教失足青少年和一般违法人员的做法；“文革”结束后，又率先对“四类分子”评审摘帽，为全国范围内开展这项工作提供了典范。

发展阶段。进入20世纪80年代，随着社会的变革、体制的转型、利益的调整和观念的更新，人民内部矛盾大量增多，民间纠纷大量产生，如果处理不好，将直接影响社会治安稳定。针对新时代背景和历史任务，枫桥干部群众在全力推进经济发展的同时，大力加强社会治安综合治理工作，坚持“组织建设走在工作前、预测工作走在预防前、预防工作走在调解前、调解工作走在激化前”的“四前”工作机制，创造了“党政动手，各负其责，依靠群众、化解矛盾、维护稳定，促进发展，做到小事不出村，大事不出镇，矛盾不上交”的成功经验，实现了“矛盾少、治安好、发展快、社会文明进步”的良好局面。“枫桥经验”发展成为社会治安综合治理的一个典范。

创新阶段。进入21世纪，我国进入了全面建设小康社会、加快推进社会主义现代化的新时期。随着改革的深入和社会主义市场经济的发展，一些体制性、结构性的深层次矛盾和问题开始显现，群众的民主意识不断增强，维护自身合法权益的诉求日益强烈。为此，枫桥及绍兴各地坚持“枫桥经验”的基本精神，突出“以人为本”这一理念，靠富裕群众减少矛盾，靠服务群众化解矛盾，靠组织群众预防矛盾，不断发展创新“枫桥经验”，如在充分运用“四前工作法”“四先四早机制”的基础上，枫桥镇创新实施“矛盾化解五分法”：分工负责，维稳责任具体化；分块实施，综合治理网格化；分层掌控，源头预防动态化；分级联动，矛盾化解即时化；分类管理，服务教育人本化。不断赋予“枫桥经验”以新的科学内涵和时代特征。进入新时代后，“枫桥经验”坚持党建统领、人民中心、三治融合、四防并举、共建共治共享，成为推进基层社会治理现代化的典型经验。

二、广义的“枫桥经验”：基层矛盾多元化解决机制的新探索

“枫桥经验”出于枫桥，而又不限于枫桥。在基层矛盾多元化解决机制上，绍兴基层做出了许多新的有益的探索，形成了一系列的新经验，现择其中有典型性的介绍如下：

（一）“老乡管老乡”：外来务工人员管理的新机制

“老乡管老乡”的外来务工人员管理新机制是由诸暨市店口镇创造的。由于经济发展的需要，外来人口的迅速增加，一方面促进了当地经济的发展，另一方面也给当地社会治安带来了压力。如何加强外来人口管理？诸暨市店口镇创新管理模式：聘请外地干部对外来务工人员实行亲情管理，解决了当地干部与外来务工人员之间沟通难的问题，提高了外来务工人员管理工作的效率。

2004 年年初，经过层层选拔，贵州、江西、安徽三省的 17 名干部先后来到店口镇，协助当地派出所和综合管理部门对外来建设者实施管理。“老乡干部”统一进入店口镇外来务工人员管

理服务中心工作。同时，店口镇积极构建权益保障机制，及时疏导化解劳资、工伤、交通事故等各类矛盾纠纷，充分发挥公安、劳动等部门的职能作用，切实保护外来务工人员的合法权益。

为进一步深化“以外管外”的工作模式，店口镇还在店口社区、牛皋社区建立外来建设者服务管理分中心，探索外来务工人员社区化管理。从外来务工人员中选拔组织能力较强、政治思想素质较好、愿意为老乡服务的同志担任分中心主任、妇女主任等职务，明确工作职责，并建立一系列管理制度，形成了外来建设者“自我管理、自我服务、自我教育”新格局。如今，店口镇外来建设者“以外管外”的工作模式，涵盖了“外警协管外口”“外来干部协管外口”“外来人口协管外口”三个层面。

(二)“导访制”：信访机制的新探索

“导访制”是由绍兴县西北角的小镇——杨讯桥镇创造的。虽然该镇连续几年名列浙江“综合实力百强镇”榜首，但近年来，针对土地征用、宅基地审批、环境污染、村级财务和村干部作风等问题，群众三访（大规模集体上访、越级上访、重复上访）不息。面对此种情况，杨讯桥镇党委政府推出了信访的“导访制”，即由镇党委派专人介入群众的信访，为信访群众提供服务：陪群众上访，给上访群众当向导，引导群众依法有序上访，为群众提供了合理解决问题的途径和方案。

杨汛桥镇的导访员，都是镇里的公务员，既有专职人员又有兼职人员。除少数专职人员外，其他人员平时有各自的工作，当群众来信来访时，根据指派分工，他们就引导群众前往相关职能部门反映问题。导访制通过一段时间试行，成效明显，群众上访案件由于在苗头阶段及时处理而大量下降。正式实施导访制的2005 年 1～8 月，全镇发生的上访事件从 2004 年同期的 61 批、450 人次下降到 31 批、195 人次，降幅高达 49.18%和 56.67%。

到县级及以上上访的仅1起。

（三）“夏履程序”：村务管理的好机制①

第三节 “枫桥经验”对基层矛盾多元化解决机制的启示

无论是狭义的“枫桥经验”，还是广义的“枫桥经验”，其对基层矛盾多元化解决机制的启示是：

一、突出法律在基层矛盾多元化解决机制中的主导性作用

有一种观点值得注意和研究，这种观点认为中国农村社会实际上存在着两种运作机制，即国家或法律确认的维持体现新价值的法理机制和由宗族或村落维持的体现旧价值的礼俗或称“民间法”。② 那么在基层矛盾多元化解决机制中，就既有宗法、礼俗、习惯、道德等民间法的机制，又有国家正式法律的机制。我们可以将前者称为旧的矛盾解决资源，将后者称为新的矛盾解决资源。旧的矛盾解决资源出自基层，与乡土社会有着天然的契合性，又是传统中国传承下来的，因而在基层社会很“管用”；而新的矛盾解决资源相对于基层是外加的，带有强烈的国家主导性与一定的超前性，因而在基层可能并不是那么“管用”。但我们必须注意旧的矛盾解决资源虽然“管用”，但并不都是合法的，

① “夏履程序”前文已述，详见本书第四章第四节“夏履程序”。

② 宫志刚著：《社会转型与秩序重建》，中国人民公安大学出版社2004年版，第212页。

也并不都是与社会发展潮流相吻合的。绍兴的经验与做法表明：必须突出法律在基层矛盾多元化解决机制中的主导性作用，这才能保证既化解矛盾，又具有合法性，与国家要求、时代潮流相一致。具体包括：首先，一切矛盾化解方法与手段以不违法为前提。社会转型期，是矛盾多发期。在基层，各种矛盾尤其复杂与尖锐，这就要求广大基层干部群众充分发挥自己的积极性、主动性与创造性，想尽一切办法来化解各种矛盾。化解矛盾的方法中，有些是很有实效但却违法的方法，这坚决不能用，而要采用既有实效又不违法的方法，如“老乡管老乡”“导访制”等方法，就既有创造性，又以不违法为前提。其次，矛盾化解方法应尽量引导群众用法律方法进行解决。法律方法解决矛盾具有稳定性、权威性，能解决所有相同的矛盾，而不必过多考虑主体的差异性与地域性等因素。因而，是公平性与效率性兼顾的好机制，也适于全面推广。绍兴县的“夏履程序”就很好地说明了这一点。最后，矛盾化解机制中，既有法律的机制又有非法律的机制，应做到：法律的机制不能否定非法律的机制化解矛盾的作用，而是要依靠非法律的机制的作用，共同化解矛盾，但在化解矛盾中法律的机制应居于主导地位，如“枫桥经验”中很多做法就体现了这一点。

二、突出党委、政府在基层矛盾多元化解决机制中的领导作用

党委、政府在基层矛盾多元化解决机制中的领导作用主要有两种不尽相同的模式。一是“枫桥经验”“老乡管老乡”“导访制”等模式。这种模式是从一开始，党委政府就亲自参与并推动基层矛盾多元化解决机制的创立，并不断推动基层矛盾多元化解决机制的发展与创新。“枫桥经验”从一开始，就受到毛主席、

浙江省委的关注与推动，五十多年来的发展与创新更离不开党委、政府的领导。“老乡管老乡”的模式，最初就是当时店口镇党委书记为解决店口镇的经济发展与社会治安稳定问题而提出来与实施的。而“导访制”最初是杨讯桥镇党委、政府为解决非法信访问题而进行的试点。另一种模式是“夏履程序”，一开始，党委、政府并没有亲自参与基层矛盾多元化解决机制的创立，而是让民间先试点，或先从民间发现一些有推广价值的先进做法，然后再在全镇乃至全县推广，如与“夏履程序”相类似的新昌县的“乡村典章”、嵊州市的“八郑规程”就都是这样。但无论是哪一种方式，都体现了中国传统的积极文化的因素与社会主义因素的有机结合，而且在这种结合中，社会主义因素即党委、政府的因素起着领导作用。

三、突出良好工作机制在基层矛盾多元化解决机制中的基础作用

邓小平同志曾经说过：“中国的问题，压倒一切的是需要稳定。没有稳定的环境，什么都搞不成，已经取得的成果也会失掉。”经济发展需要稳定、人民安居乐业需要稳定。矛盾多元化解决机制必须以稳定作为最直接的目标。为了实现这一目标，构建矛盾多元化解决机制必须要有良好的工作机制：

第一，要有良好的矛盾预防机制。要真正做到组织建设走在工作前，这具体要求：实行专兼职结合；要对治调干部进行业务上的指导、培训，使其工作能力不断提高，要对他们给予生活上的关心。预测工作走在预防前，这具体要求：有定期例会制度、重点预测和分析制度等。预防工作走在调解前，这要求：坚持抓早、抓小、抓苗头，突出抓好与基层生产、生活密切相关的重点事件的预防工作。化解工作走在激化前，这具体要求：各方联

动，健全矛盾化解机制；要因事制宜，采取化解矛盾纠纷的系列措施；要责任到位，保证矛盾纠纷的及时化解。

第二，要有良好的协调机制。首先，要部门协同，乡（镇、街道办事处）村（居民委员会）联动。所谓部门协同，主要是指在乡（镇、街道办事处）加强政法部门与信访、国土、工商、税务等部门的横向联系与配合，加大、加快矛盾纠纷的调处、化解力度与速度。乡（镇、街道办事处）村（居民委员会）联动，是指加强乡（镇、街道办事处）与村（居民委员会）的联系，两者之间建立有效的联动机制，实现相互配合、信息共享，避免重复劳动，保证矛盾纠纷迅速调处、化解。其次，要做到审判与调解的联动。对有基层人民法庭的乡镇，应将法院审判与人民调解委员会的调解结合起来，实现人民调解与司法调解的对接，这也是实现能动司法与大调解的要求。

第三，要有良好的规范机制。所谓规范机制，是指在矛盾的化解过程中，对调处、化解的实体、程序及工作人员要有一些带有倾向性与强制性的规定。

第十二章

“枫桥经验”与基层党建法治化①

在党的“四个全面”战略布局中，有两项重要内容是全面依法治国与全面从严治党。如何将全面依法治国与全面从严治党密切结合，并在农村基层得到落实，是新时期我党、我国的一项重要任务。农村基层党建法治化正是为完成新时代这一重要任务而产生的。新时代“枫桥经验”在党建领域的创新发展为此提供了丰富的实践经验。

第一节　基层党建法治化的内涵与价值

一、基层党建法治化的科学内涵

何谓基层党建法治化？可从其词义开始进行解释。“基层”，

① 本部分内容已发表，收入本书时有部分修改。参见：《农村基层党建法治化：科学内涵、时代价值与实现路径——以“枫桥经验”的创新发展为例》，载《长春大学学报》2017 年第 11 期。

指的是管理城乡和为城乡服务的县（县级市、区）、乡镇（街道）与行政村或社区居委会三个层级。“党建”，即党的建设。“法治化”，是指基层党组织与党员的行为具有法律依据，符合法律规定并以自己的行为保证法律的实施。综前所述，所谓基层党建法治化，是指管理基层和为基层服务的县（县级市、区）、乡镇（街道）与行政村或社区三级的党组织与党员在党的建设方面都要具有法律依据，符合法律规定并以自己的行为保证法律的实施。简而言之，基层党建法治化，就是要把基层党建纳入法治化的轨道。对这一概念的理解，要注意以下几点：

第一，基层党建法治化中的“法”，既包括“国法”，又包括“党规”。“国法”，是指以宪法为核心的国家法律体系。它具体包括宪法、法律、行政法规、地方性法规、自治条例和单行条例、规章。“党规”，是指中国共产党章程及其党内法规和规范性文件。

第二，基层党建法治化，并非仅指基层党建的制度化建设，还包括思想建设、组织建设、作风建设、反腐倡廉建设、纯洁性建设等方面的法治化，亦即是基层党建全面的法治化。

第三，基层建党法治化，既是坚持党的领导，又是改善党的领导。一方面，基层党建法治化必须在基层党组织的领导下进行，另一方面，基层党建法治化是为了解决基层党建工作在新形势下面临的困难与问题，改善党的领导方式。

第四，基层党建法治化的主体，既包括基层党组织，又包括基层党员。基层党组织由基层党员组成，基层党员必然归属于不同的基层党组织，二者是辩证的统一。

二、基层党建法治化的时代价值

（一）坚持党对基层治理法治化的领导需要推进基层党建法治化

习近平同志明确指出：“坚持党的领导，是社会主义法治的根本要求，是党和国家的根本所在、命脉所在，是全国各族人民的利益所系、幸福所系，是全面推进依法治国的题中应有之义；党的领导和社会主义法治是一致的，社会主义法治必须坚持党的领导，党的领导必须依靠社会主义法治。”① 具体到基层而言，推进基层治理法治化就必须加强党的领导。如何有效地实现基层党组织对基层治理法治化的领导，就必须加强基层党建法治化，通过加强和改善党的领导来引领基层治理法治化。

（二）发挥基层党组织在基层治理法治化中的战斗堡垒作用需要推进基层党建法治化

党的十八届四中全会通过的《中共中央关于全面推进依法治国若干重大问题的决定》中明确规定：“全面推进依法治国，基础在基层，工作重点在基层。发挥基层党组织在全面推进依法治国中的战斗堡垒作用，增强基层干部法治观念、法治为民的意识，提高依法办事能力。”② 如何发挥基层党组织在全面推进依法治国中的战斗堡垒作用，这就必须加强基层党建法治化。通过基层党建法治化，来增强党员干部法治观念、法治为民的意识，提

① 习近平：《关于〈中共中央关于全面推进依法治国若干重大问题的决定〉的说明》（2014 年 10 月 20 日），载《中国共产党第十八届中央委员会第四次全体会议文件汇编》，人民出版 2014 年版，第 79 页。

② 《中共中央关于全面推进依法治国若干重大问题的决定》，载《人民日报》2014 年 10 月 29 日。

高他们依法办事的能力。

(三)抓住基层领导干部这个"关键少数"在基层治理法治化中的作用需要推进基层党建法治化

习近平同志明确指出，"全面依法治国，必须抓住领导干部这个'关键少数'这也就是我们党一直强调的，政治路线确定之后，干部就是决定因素"。[①]"事实证明，领导干部对法治建设既可以起到关键推动作用，也可能起到致命破坏作用。"[②]如何在基层治理法治化过程中，抓住基层领导干部这个"关键少数"，使他们提高运用法治思维与法治方式的能力，做到办事依法、遇事找法、解决问题用法、化解矛盾靠法，能真正履行推进法治建设职责，加强基层党建法治化非常重要。

第二节 "枫桥经验"推进基层党建法治化的路径

一、创新实施"三上三下"民主决策机制

作为"枫桥经验"发源地的枫桥镇各村重大村务决策坚持先党内后党外、先党员后群众和民主集中制的原则，创新实施"三上三下"民主决策机制：即"一上一下"征集议题，根据上级党

---

① 中共中央文献研究室编：《习近平关于全面依法治国论述摘编》，中央文献出版社2015年版，第18页。

② 中共中央文献研究室编：《习近平关于全面依法治国论述摘编》，中央文献出版社2015年版，第120页。

委政府的工作部署、本村工作实际，村两委会考虑拟决策事项，上门入户广泛征求村民意见。“二上二下”酝酿论证，村两委会分析汇总意见、建议，提出建议方案，提交党员议事会、民主恳谈会（听证会）及专业部门，对方案事项的必要性、可行性进行深入讨论、科学论证，进一步达成共识，完善方案。“三上三下”审议决定，村两委会讨论确定方案，提交党员会议审议通过，经村民代表会议表决通过后组织实施。为配套完善“三上三下”民主决策机制，村还制定了《村两委会联席会议制度》《党员议事会制度》《民主恳谈会（听证会）制度》《村民代表会议制度》。“三上三下”民主决策机制的建立及其配套制度的跟进完善，促进了“上情下达、下情上传”，实现了党群、干群意愿对接，营造了村民想参与、能参与的良好决策氛围，激发了广大村干部和村民干事创业的强烈愿望，提高了决策的民主性和科学性。

二、全面推行民情通网下标准化建设

民情通网下工作标准可以概括为“1234”。“1”是指民事服务一网覆盖：深化“网格化管理、组团式服务”工作，构建全覆盖的网下便民服务网络。“2”是指民情信息两员收集：民情通网下信息由网格员和网格长负责汇总。“3”是指民生热点三级分析：对群众诉求强烈或反映集中的热点、难点问题，通过召开市、镇、村三级民情分析会，加强分析研判，及时分解办理。“4”是指民意诉求四步办理：对群众反映的各类诉求按照受理、分流、督办、反馈四个步骤进行办理，确保件件有着落、事事有回复。

枫桥镇各村按照每名村干部联系 50 至 120 户为标准，将村划分为 8 个网格，村干部作为网格员每季度走遍网格内农户，网格长与网格员收集的信息，视情况递交市镇村三级民情分析会，完成受理、分流、督办、反馈四步办理，打通了联系群众的“最后一公里”。与此同时，划分社会事业、村镇建设、治保调解、生产生活 4 个党员服务团队，编入民情通网络，提供“托底”服务，实现了“小事不出村，矛盾不上交”。

三、严格落实“党建责任清单 20 条”“村干部‘四不’公开承诺”

（一）党建责任清单 20 条

2015 年，枫桥镇所在的中共诸暨市委下发《关于建立村党支部书记抓党建责任清单二十条的通知》，明确村党支部书记为抓党建责任清单的主体。责任清单共设 20 条内容，涉及基层组织建设、党员干部管理、村级事务决策、任期承诺事项履行、村干部坐班值班等方面。根据 20 条的内容，村支书必须在党员大会上公开承诺，按季分析进展，查找存在的问题，明确下季度的改进方向。内容的执行好坏，事关村支书前程。凡其年度总分在该镇排位末五位的，考核将被扣分，并视情况进行诫勉谈话、通报批评，直至启动免职程序。

（二）村干部“四不”公开承诺

在村干部任职时，召开党员、村民代表会议，每名村干部在会议上承诺，“其本人（及直系亲属）不承包承建或变相承包承建本村的公共项目及涉及征用本村土地的所有项目、不违规干预和插手本村工程建设、不违规发展党员、不履职就辞职”。并将承诺书张贴在党务、村务公开栏内，接受群众监督。同时，诸暨市将村干部“四不”公开承诺列入全市乡镇岗位目标责任制考核，作为倒扣分项目进行考核。

四、按产业划分党小组，加强法律知识学习，提升党员法律素养

枫桥镇的新择湖村党支部紧密结合废钢经营、防水材料、销售运输为三大支柱产业开展党组织活动，根据产业设置了党建工作服务、综合治理服务、民生保障服务、公共事业服务共四个党员服务小组，商贸服务业、防水材料产业、废钢经营产业、农业产业共四个产业党小组，还有两个老年党员党小组，共 10 个党小组。每月的党小组会议除进行政策学习、信息交流、产业商讨外，还要进行法律知识学习，结合党小组中党员常见、常用的法律问题进行讨论。每月还定期参加村里举办的法治大讲堂。党员在碰到重大法律问题与重大疑难法律案件时，可以向村里的法律顾问进行咨询甚至请其帮助解决。这里的法律顾问，是指枫桥镇为村里聘请的专职律师，一般而言，一名专职律师同时兼任两个村（社区）的法律顾问，并与各村（社区）签订法律顾问聘用合同，为各村（社会）提供多种形式的法律服务。

五、组建由党员骨干组成的信访接待室、人民调解室、护村队，积极参与村里的群防群治工作

进入 21 世纪后，在农村特别是发达地区农村，一方面体制性、机制性矛盾凸显，另一方面群众的民主、法治意识不断增强，怎样化解这些矛盾，满足群众的需求？枫桥镇各村一般专门成立了由两名德高望重的退居二线的老村支部书记组成的信访接待室与人民调解室。两位老书记隔天轮流上班，全年无休。面对群众的信访或矛盾纠纷，他们能当场解决的就当场解决；对于那些不能当场解决，需要村里面解决的，可联系村两委会干部解决；对于确实需要镇、县或更高级别层次部门解决的，通过村里

联系镇里相关部门予以解决或协助其向更高层次部门寻求解决方案。为了弥补两位老书记在政策、法律知识上的可能不足，在信访室、人民调解室的电脑中开通了直接与枫桥镇政府相关职能部门、枫桥司法所、枫桥法庭对接的指导 QQ 群，有政策、法律或别的方面的疑问，或需要这些部门的帮助时，两位老书记都可通过 QQ 寻求帮助。

产业壮大后，外来务工者越来越多，治安状况不容乐观。针对这种情况该怎么办？枫桥镇各村党支部与枫桥派出所联系，在村里设立了警务站。同时 6 名党员骨干组成护村队，每天晚上 7 点到早上 5 点在村内开展巡查，为村民营造了一个良好的治安环境。

第三节　农村党员四色榜单亮分制度

新时期如何对农村党员日常行为进行量化管理，从制度上促进和保持农村党员的先进性，是农村基层党建面临的重大课题。近年来，中共诸暨市委坚决贯彻落实中共浙江省委组织部下发的《关于全面实施农村党员先锋指数考评管理的指导意见》，根据诸暨市农村党员的实际情况，制定和颁发了《农村党员日常量化管理办法》。作为“枫桥经验”发源地的诸暨市枫桥镇新择湖村的村党支部则在实施《农村党员日常量化管理办法》过程中，创造性地形成了“四色榜单”亮分制度，即根据考评先锋指数分数的不同，将党员分别放入红、黄、蓝、灰四个榜单中，并张榜公布。这就形成了对农村党员先进性进行量化管理的好制度。“四色榜单”亮分制度的成功实践，为我们新时期加强农村基层党建的制度化建设提供了有益的启示。

一、“四色榜单”亮分制度的主要内容

在和平时期，特别是实行改革开放、社会主义市场经济体制的环境下，如何继续保持农村党员的先进性，对农村党员先进性有一个鉴别机制、有一个长效管理体制、有一个党员进出畅通的通道，从而“切实加强和改进农村党员队伍教育管理”“努力建设一支素质优良、结构合理、规模适度、作用突出的党员队伍”①，这是新时期农村基层党建的重大课题。诸暨市枫桥镇新择湖村的党支部创造性地制定了“四色榜单”亮分制度，现在已成为全国各地学习“枫桥经验”、学习农村基层党建制度化的先进典型。

“四色榜单”亮分制度是指按照党员先锋指数测评所得的不同分值，将党员分别放在红榜、黄榜、蓝榜、灰榜四个不同榜单中考评党员先进性的一种亮分管理制度。“四色榜单”亮分管理制度适用于新择湖村所有在册的正式党员和预备党员，目前共计125名。“四色榜单”亮分管理制度的内容分为三个方面，一是对党员平时的日常量化管理，二是对党员年底的集中测评，三是将所有党员根据前述两项成绩相加的总得分，分别放入红榜、黄榜、蓝榜、灰榜四个不同榜单中并张榜公布。

（一）对党员的日常量化管理

根据中共诸暨市委的《农村党员日常量化管理办法》，中共枫桥镇党委制定了《农村党员日常量化管理办法实施细则》，新择湖村党支部根据《农村党员日常量化管理办法》《农村党员日常量化管理办法实施细则》将党员的日常量化管理按季度进行。

① 《印发〈关于全面实施农村党员先锋指数考评管理的指导意见〉的通知》，载《中共浙江省委组织部文件浙组通〔2012〕63号》。

每名党员年初认定的基础分为 60 分，对认定情形实行每季度累计加分扣分制度，上季度得分为下季度基础分，累计超出 100 分的计算为 100 分。① 第四季度得分为该党员当年度日常表现量化管理得分的总分。

加分项目及标准主要有以下六项：

第一，党员积极支持市镇重点工作和重大工程项目建设，加 5 分。

第二，遇抗台、防火、救灾等急难险重任务时，率先垂范，表现突出的，加 5 分。

第二，带头化解信访，维护社会稳定的，加 5 分。

第三，有见义勇为，救死扶伤等先进事迹的，加 5 分。

第五，受到镇级以上通报表彰，或获得镇级以上个人先进荣誉的，加 5 分。

第六，其他需要加分的项目。

减分项目及标准主要有以下五个方面十五条：

自身建设方面：

1. 不按时参加上级党组织、村党组织安排的各种学习、会议、活动的扣 1 分，因故不参加的扣 2 分，无故不参加的扣 5 分；扰乱会场纪律的，扣 5 分。

2. 不按时、按规定缴纳党费及其他费用（农村合作医疗保险、集体承包款等）的，每查实一起扣 10 分。

3. 违反发展党员有关规定，收受入党申请人、入党积极分子、发展对象钱物的，每查实一起扣 10 分。

---

① 超出 100 分的情形很少见，因为新择湖村的党员日常量化管理明确规定以扣分考核为主，以加分考核为辅。如确有超出 100 分的，虽然在“四色榜单”亮分管理制度中只计 100 分，但在每季度的党员之星的评选中，可以原分作为评选的重要依据。

4. 外出6个月以上，不主动向村党组织报告去向的、不主动书面汇报思想、工作情况的，每项扣10分。

5. 有违反党纪国法的，直接报镇纪委、政法机关查处。

服务群众方面：

6. 党员人手一册《枫桥镇农村党员工作记录簿》（以下简称《记录簿》）。《记录簿》填写不完整、应付了事的，每查实一起扣5分；整本《记录簿》为空白（党员基本信息中学历为文盲的可除外）或《记录簿》遗失的，直接列为后进党员。

7. 全村实行党支部委员联系党员，党员联系农户制度。联系农户党员家门口挂“党员之家”的牌子，将联系农户的姓名挂在该党员门口。党员不发挥“党员之家”作用，没有按党员联系农户职责开展工作的，每查实一起扣5分。

热心公益方面：

8. 不带头配合镇、村重点工作、重大项目，故意拖延、阻挠村集体公益事业、新农村建设和项目建设的，每查实一起扣10分；情节严重，影响恶劣的，加倍扣分。

9. 不带头参加森林防火、抗灾救灾等突发事件的，每查实一起扣20分。

执行政策方面：

10. 无正当理由，连续六个月不做党所分配的工作，按照党章规定，视为自行脱党。

11. 拒绝悬挂“党员之家”牌子或故意损坏的，每查实一起扣5分。

12. 不带头遵守村规民约、社会公德的，每查实一起扣10分。

13. 参与越级上访、群体性上访或煽动群众上访的，每查实一起扣20分。

14. 村党支部委员会是党员亮分制管理的主体，支部书记、支部委员拒不执行或执行不到位的，每查实一起支部书记扣3分，相关支部委员扣2分。

群众评议：

15. 党员所联系农户按年度对该党员进行评议，评议结果低于80分的，取消当年度评先评优资格；低于60分的，村支部负责对该党员进行约谈。上述6、7、9条对年龄较大（一般在70周岁以上）或因病因残丧失服务能力的党员可以不扣分。

（二）对党员的年度集中测评

对党员的年度集中测评的内容分为两方面，一是每名党员对全村所有党员的民主测评，实行无记名方式，每名党员民主测评可得的最高分为50分，最低分为0分；二是专门的考评小组对每名党员的考评。专门考评小组由村支部委员、各党小组长组成，对每名党员进行考评，最高分为50分，最低分为0分。两项测评得分相加，就是党员的年度集中测评总得分。这两项测评同步进行，党员测评得分当场公布。对党员的年度集中测评工作在每年第四季度结束前的15天内进行。

（三）对党员的“四色榜单”亮分

将党员日常量化管理得分折算成60%，将对党员年度集中测评得分折算成40%，两项相加得分的总分决定了党员在四种不同颜色的榜单中。得分在90~100分的党员，其个人头相张贴在红榜中；得分在70~89分的党员，其个人头相张贴在黄榜中；得分在60~69分的党员，其个人头相张贴在蓝榜中；得分在60分以下的党员，其个人头相张贴在灰榜中。个人头相被张贴在灰榜中的党员又被称为“警示党员”，其党组织关系被转到枫桥镇党委为全镇所有“警示党员”专门成立的“警示党员”支部中。该党员要在“警示党员”支部接受为期一年的警示教育。一年期满后，如果该党员两项测评成绩相加在60分以上，则其党组织关系可转回到村支部，如果两项测评成绩相加在60分以下，则继续留在“警示党员”支部中。如果连续两年留在“警示党员”支部，第二年年底两项测评成绩相加结果仍然是60分以下，则镇党委将找该名党员谈话，根据《党章》第9条规定，劝其退党。如果其不愿意退党，就将其清除出党。

整个榜单是由红、黄、蓝、灰四种不同颜色榜单组成，因而被简称为“四色榜单”。在新择湖村，目前“四色榜单”被张贴在村部大楼第四层最大的会议室中，这是全村党员、村民代表大会及其他重大会议召开的场所。下一步，村支部准备将“四色榜单”亮分情况在村重要路口即将建立的液晶显示屏上公布。

“四色榜单”亮分管理制度在新择湖村实施后，取得了很好的效果。党员各方面积极性大大提高，党员和群众的关系更为密切。

二、“四色榜单”亮分制度的创新意义

（一）探索了新形势下保持党员先进性的量化管理新机制

在战争年代与计划经济年代，我们党对党员进行先进性教育与管理，主要依靠的是集中教育的方式，如政策、运动，依靠思想教育来提高个人觉悟。但在改革开放后、实行社会主义市场经济后，特别是农村废除了农业税、城镇化加速后，我国农村的基本状况发生了根本性的变化。在此背景下，部分农村基层党组织战斗力减弱，部分党员先进性降低，有些党员混同群众，有极少数党员甚至变成农村的地痞恶霸。

新择湖村的情况虽然没有那么严重，但也碰到了党员先进性

降低的问题。主要表现为：第一，不积极参加党组织开展的活动。由于该村经济发达，大部分党员都从事经商活动。当经商活动与党组织活动发生冲突时，有些党员将经商活动放至首位，而将党组织活动放在次要位置。特别是一些长年在外经商乃至在国外经商的党员，甚至就不与党组织联系，不参加党组织活动。第二，不密切联系群众。在社会主义市场经济条件下，部分党员以自己能发财致富作为首要追求目标，而对于群众如何发财致富，如何联系群众、帮助群众解决生产生活中的实际问题不再关心或者关心不多，特别是村支部、党小组外的普通党员尤其如此。第三，为了自己的经济利益破坏村集体利益。部分党员在村里进行拆迁、征地等重大活动时，为了自己经济利益不惜破坏村集体利益，带头阻挠村拆迁、征地等活动，甚至还组织参加越级上访、集体访等。第四，不关心村公益事业。部分党员对于村中的治安、消防、卫生、弱势群体等各项公益事业不管不顾，其觉悟比普通群众还低。

上述情况虽然发生在部分党员身上，但不解决就会蔓延，变成一种普遍现象。如何解决这些问题，特别是如何量化地解决这些问题，以制度、规范来保证长效机制的建立，成为新时期农村基层党员保持先进性迫切需要解决的问题。新择湖村“四色榜单”亮分制度在此方面进行了有益的探索并且取得了很好的效果。新择湖村自从实行“四色榜单”亮分制度后，党员参加党组织活动的出勤率达到98%以上；党员联系群众帮助群众解决生产生活中的实际困难形成一种氛围；党员为自己经济利益破坏村集体利益的事件被降到了最低，2016 年全年只有一名党员发生过一起这样的事件①；党员关心村公益事业的积极性也大大提高，村中成立的护村队、消防队、巡逻队等，都是以党员为骨干的义务服务组织。

（二）实现了基层党建制度化与基层社会治理法治化的有机融合

1. 基层党建制度化是基层社会治理法治化的重要内容

习近平总书记明确指出：“在我们国家，法律是对全体公民的要求，党内法规制度是对全体党员的要求，而且很多地方比法律的要求更严格。我们党是先锋队，对党员的要求应该更严。全面推进依法治国，必须努力形成国家法律法规和党内法规制度相辅相成、相互促进、相互保障的格局。”②

从习近平总书记的上述论述中，我们可以得出这样一个结论：基层党建制度化是基层社会治理法治化的重要内容。新择湖村的“四色榜单”亮分制度中，包含了农村基层党员日常量化管理的制度，包括了党员民主评议的制度，包括了党员先锋指数的亮分管理制度等多项制度，这些制度既属于农村基层党建制度化的内容，也属于农村基层社会治理法治化的内容。

2. 基层党建制度化是基层社会治理法治化能否实现的关键

更进一步，基层党建制度化不仅是基层社会治理法治化的重要内容，而且是基层社会治理法治化能否实现的关键。习近平总书记说，“要把全面推进依法治国的工作重点放在基层，发挥基

---

① 这名党员经量化考核和党员民主评议后，被定为“警示党员”，在枫桥镇党委专门成立的“警示党员”支部接受为期一年的警示教育。

② 习近平：《关于〈中共中央关于全面推进依法治国若干重大问题的决定〉的说明》（2014年10月20日），《中国共产党第十八届中央委员会第四次全体会议文件汇编》，人民出版社2014年版，第85页。

层党组织在全面推进依法治国中的战斗堡垒作用”①。怎样做到发挥基层党组织在全面推进依法治国中的战争堡垒作用？首先，基层党组织自身建设要制度化。基层党建制度化，有利于培养基层党员的法治思维、法治意识，有利于基层党组织在基层社会治理法治化过程中发挥战斗堡垒作用。新择湖村的实践充分说明了这一点。新择湖村自实行了“四色榜单”亮分管理制度后，所有党员都做到了不逾越法律红线，不触碰法律底线，自觉遵守党章党规。新择湖村党支部及两委会干部基本做到了“带头遵守法律、执行法律，带头营造办事依法、遇事找法、解决问题用法、化解矛盾靠法的法治环境。”② 新择湖村基层党建的制度化带动了基层社会治理的法治化。例如，村里聘请了专职律师作为村法律顾问，村中有重大法律事项，必先咨询该法律顾问；新择湖村调解员与枫桥镇法庭建立了专门的指导调解 QQ 群，法庭法官在 QQ 视频上现场指导村调解员调解案件，村里的矛盾纠纷调解朝着法治化的方向发展。

（三）有效开辟了农村基层党建的新思路

农村基层党建与所有党建一样，包括了思想建设、组织建设、作风建设、制度建设与反腐倡廉建设五个方面，但长期以来，基层党建基本上围绕“加强思想建设、组织建设、作风建设”的要求来运转③。这种党建方式是与当时的计划经济发展模

---

① 习近平：《加快建设社会主义法治国家》（2014 年 10 月 23 日），载《求是》杂志 2015 年第 1 期。

② 习近平：《在省部级主要领导干部学习贯彻党的十八届四中全会精神全面推进依法治国专题研讨班上的讲话》，载《人民日报》2015 年 2 月 3 日。

③ 陈朋：《服务导向的基层党建新模式——江苏海安县“群众事务党员干部代理制度”的探索与实践》，载《理论与改革》2013 年第 1 期。

式与单位制、人民公社社会管理体制相一致的。但是我国进入社会主义市场体制后，特别是单位制、人民公社管理体制解体，农村由人民公社体制变成乡镇体制，且废除农业税，城镇化步伐明显加快的背景下，在进行农村基层社会治理创新的背景下，进行农村基层党建，再以灌输式教育为主，以行政命令式、权威式的管理为主，以政策、运动为主，再基本上围绕“加强思想建设、组织建设、作风建设”，而忽视制度建设，显然有点不合时宜了。新择湖村的“四色榜单”亮分制度以制度建设为基础，将制度建设贯穿于思想建设、组织建设、作风建设、反腐倡廉建设的全过程。体现了法治性、民主性，与时代潮流相一致，与党的全面依法治国、从制度上全面从严治党的要求相一致。由此可以说，新择湖村的“四色榜单”亮分制度有效开辟了农村基层党建的新思路。

三、“四色榜单”亮分制度的经验启示

（一）制度化、规范化、长效机制是新时期农村基层党建的重点

如前所述，在新时期、新背景下，农村基层党建需要以制度建设为基础，将制度建设贯穿于思想建设、组织建设、作风建设、反腐倡廉建设等各个方面。这就要求加强农村基层党建的制度化、规范化和长效机制建设。但长期以来，农村法治的氛围比较薄弱，广大党员习惯于以道德、政策、运动等方式进行党的自我教育。这就需要以制度化、规范化、长效机制作为新时期农村基层党建的重点。

怎样以制度化、规范化、长效机制作为新时期农村基层党建的重点？并不是制定一些规章制度就可以完事，而是要与农村、

农村党支部、农村党员乃至广大农民的实际情况相一致，与党在农村的长期工作与中心工作要求相一致，制定切实符合农村实际需要的制度、规范与长效机制。要保证这种制度、规范、长效机制真正落到实处。而且这种制度、规范与长效机制应由我国东部、中部、西部地区的农村基层党支部根据各自实际情况制定，有所不同。

(二) 精细化管理是新时期农村基层党建的新要求

在新时期、新背景下，要求农村基层党建进行精细化管理。新择湖村“四色榜单”亮分制度本身充分体现了精细化管理。不限于此，与“四色榜单”亮分制度相衔接的一些基础性制度也做到了精细化。以下试举两例即可见其端倪：

其一，产业党小组的设立。新择湖村在很多年前，党员同老百姓一样，主要从事商贸业，基本上没有种地的党员了。在这种情况下，村两委会决定将农民土地承包使用权以一定费用收归村集体，然后对这些土地经过整理加工后再以更高价格发包给种粮大户。在此基础上，村支部采用了划分党小组的新方式，即以产业为主，将全村党小组划分为废钢收购与加工产业党小组、防水材料生产党小组、汽车运输产业党小组、商贸服务业产业党小组、种粮大户产业党小组、老党员党小组、流动党员党小组等党小组。2017 年，又根据新形势、新情况专门成立了一个“80 后”党员创业党小组。这样做，能够保证每个党小组内部活动在时间上有统一性，内容上有相似性，从而保证了农村基层党建的针对性。这构成了新择湖村“四色榜单”亮分制度的重要基础。

其二，党员联系群众的网格化管理。新择湖村采用党支部委员联系党员、党员联系群众的网格化管理制度。目前，全村 3 名支委，两人联系 42 名党员，一人联系 41 名党员，每名党员联系 7、8、9 名数量不等的农户。每个党员家门口都钉有“党员之家”的门牌，且将其所联系的农户的姓名做成一个牌子钉在其家门口。党员要经常走访其联系的农户，支委也要经常关心其联系的党员。在“四色榜单”亮分制度重要组成部分的农村党员日常量化管理考核中，对这项内容有不同方面的考核，如是否挂牌、牌子是否有损坏，联系农户对联系党员的考评等各方面都有相应的分值考核。

从新择湖村的“四色榜单”亮分制度本身及其制度背后的基础，明显可以看出精细化管理在新时期农村基层党建的重要性。

（三）实事求是、与时俱进、不断创新，是新时期农村基层党建的灵魂

新择湖村是“枫桥经验”发源地诸暨市枫桥镇所辖的村，新择湖村的“四色榜单”亮分制度是“枫桥经验”于新时期在基层党建领域创新发展的重要内容之一。“枫桥经验”自1963年诞生后能历久弥新，越来越受到党和国家的重视，其重要原因之一就是坚持实事求是、与时俱进、不断创新。

新择湖“四分榜单”亮分制度是“枫桥经验”坚持实事求是、与时俱进、不断创新的生动写照。具体表现在哪些方面呢？表现的方面很多，如根据经济发展状况，对农村基层党员实行产业化党小组划分；根据时代潮流，对农村基层党员实行民主化、法治化管理；根据科学技术发展，对农村基层党员实行信息化管理等。

我国正进入一个社会转型期的新时期，从某种意义上说，农村基层党建也正进入一个转型期。如何做好农村基层党建的转型？唯有坚持实事求是、与时俱进、不断创新才是正确之道。

附录一

枫桥公安派出所参观点简介

枫桥经验公安史迹馆简介

枫桥经验公安史迹馆展区面积达 600 平方米，以毛泽东思想诞生了“枫桥经验”，习近平新时代中国特色社会主义思想孕育发展了新时代“枫桥经验”为主线，展示“枫桥经验”的发展脉络和枫桥派出所传承创新“枫桥经验”的生动实践。展馆主要采用大块的图文展板进行形象展示，并将场景复原和实物展示方式艺术化地加以点缀，营造出一个庄重、朴素、低调又不失大气的传承型学习教育基地。

安全防范体验馆简介

安全防范体验馆总面积达 980 平方米，设置公共安全、交通安全、消防安全、禁毒安全、VR 虚拟驾驶、应急救护等体验区，让群众在知识展示与学习、情景模拟的体验中，增强安全防范意识，提升防灾避险、自救互救的能力。该馆已成为全市中小学生的安防体验基地。

镇南警务站简介

枫桥派出所镇南警务站成立于 2017 年 2 月，与枫桥镇南驻村指导分中心配套设置，区域面积 55 平方公里，下辖 9 个行政村和 2 个居委会，常住人口 20768 人，流动人口 2642 名，现有社区民警 6 名，驻村辅警 11 名。警务站实行警长负责制，平常时化整为零，攻坚时集中警力，主要工作职责是做实基层基础和化解矛盾纠纷。

镇南警务站通过“警务围着民意转，民警围着百姓转”，设立 24 小时自助警务服务区，做到服务全天候、警务零距离。同时，始终把群众的需求作为工作的追求，积极当好群众的“好邻居”“好帮手”，赢得了群众的理解、支持和信任，工作中总结出了邻家警察工作法，成为了枫桥派出所开展群众工作的一大法宝，被群众亲切地称呼为“邻家好警察”。

红枫义警简介

红枫义警是枫桥群众在枫桥派出所的引导下，自发组建的一支平安公益类社会组织，成立于 2017 年 7 月，现有成员 119 名。协会以“崇法尚义，积安向善”为宗旨，积极参与治安巡逻、矛盾化解、法治宣传、社区矫正、流动人口（出租房）管理、爱心救助等警务志愿活动。在这片诞生“枫桥经验”的热土上，一位位“红枫义警”的队员们正用自己的实际行动践行着守护家乡平安的诺言，成为心系平安的枫桥“新警力”。红枫义警先进事迹先后被《人民公安报》头版头条、《人民日报》等各级媒体宣传报道，被誉为是新时代“枫桥经验”开出的新花。

老杨调解中心简介

为了进一步创新发展“枫桥经验”，及时、有效化解社会矛盾，维护社会治安稳定，2008年年初，枫桥派出所为先后荣获全省、全国优秀人民警察，浙江省“人民满意”十大杰出民警、浙江省优秀共产党员荣誉的诸暨市公安局的老民警杨光照量身打造了“老杨调解工作室”，充分发挥杨光照同志在枫桥有较高威信，善于做群众工作、善于做调解工作的优势，专门从事矛盾纠纷的化解工作。2010年，杨光照同志退休，枫桥派出所为了发挥老杨的品牌优势，将老杨返聘，升级为以专业调解人员为主，社区民警参与，特邀调解员辅助的“老杨调解中心”，并总结出“勤、帮、靠、快、公、活”的“六字工作法”以及“四千精神”“四心素质”。老杨调解中心自成立以来，杨光照和两名老同志杨少剑、陈松根及社区民警杨颖，始终坚持思想上热爱群众，感情上贴近群众，行动上服务群众，工作上依靠群众的群众工作理念，奋战在维护社会稳定、化解矛盾纠纷的一线，取得显著成效。近八年来，老杨调解中心共调处各类矛盾纠纷1900余起，调解结案1850余起，调处率98%以上，纠纷结案率100%，兑现各类经济损失赔偿（补偿）8300余万元，群众对老杨调解中心的满意率达到100%，较好地达到案结事了的司法效果与社会效果。

2013年5月，“枫桥派出所”的调解模式和总结的“依法疏导、把握重点、换位思考、背面结合、联动调解、案例举证、借助力量、情感感受”调解八法与技巧被绍兴市公安局推广与应用。调解中心连续两年被诸暨市委、市政府评为十佳优秀单位，枫桥镇治安调解优秀单位。2014年更是被中组部评为全国离退休干部先进集体。2016年7月“老杨调解团队”被评为浙江省（2006~2016年）十大法治人物。2017年，老杨调解中心团队“枫桥镇人民调解委员会”被司法部授予“全国模范调解委员会”的荣誉称号；“老杨”连续三年被诸暨市政府评为诸暨市十佳优秀调解员；2018年5月，“老杨”被司法部聘为全国人民调解专家，全国共10名，乃浙江省唯一；2018年12月4日，杨光照被评为CCTV2018年度法治人物；2019年1月，杨光照荣获2018年度“浙江骄傲”年度人物。央视媒体更是先后以“老杨调解中心”及“老杨”为原形在枫桥实地拍摄了“枫桥故事”“枫桥警察”“老街警事”“平安使命”“枫桥好人”等多部电视剧与专题片，“平安枫桥”越剧也搬上了戏台。

如今，“老杨调解中心”逐渐形成了以派出所调解中心为主、警务站调解室、村企调解会、综治中心和流动调解车为辅，志愿者参与的联动调解新格局和“网格化管理、组团式服务、点菜式预约”的警调模式，建立起“专业调解攻克疑难问题、联合调解化解矛盾纠纷、驻村指导预防矛盾隐患”于一体的三级社会矛盾预防化解机制，实现了由“小事不出村、大事不出镇、矛盾不上交”向“矛盾不上交、平安不出事、服务不缺位”的新跨越。

附录二

枫桥派出所社区民警年度责任清单

1. 入户走访达标

社区民警年入户走访数量达到800户（含）以上。

2. 警民双向熟悉率达标

一年内社区民警和辖区18周岁以上常住人口的双向熟悉率分别达到40%、80%以上（村党员干部、村民小组长、代表委员、管理对象均达到100%），两年以上（内）分别达到80%、100%。

3. 群众安全感和满意度达标

辖区群众的安全感和满意度均达95%以上，无有责信访投诉。

4. 矛盾预防化解工作达标

受理的治安纠纷类案件查处率达到100%（受理一个月内的除外），无民转刑案件。

5. 信息预警能力达标

辖区内涉恐、涉稳、涉黑以及非正常上访滋事等信息无漏报、迟报。

6. 综治督导工作达标

“五议一创”平台运行正常，治保调解组织发挥作用情况良好，每个行政村组建 6 人以上群防群治队伍。

7. 辖区治安总体稳定

未发生新闻媒体曝光或其他危害严重、影响恶劣的案件。

附录三

枫桥派出所社区警务“十访十清”活动实施意见

为创新发展“枫桥经验”，全面推进“防控优先”战略，在社区民警中开展以“十访十清”为主体的常态化基础管控工作。

一、指导思想

坚持“以基层基础为基点、以人民群众为中心、以防控优先为理念、以创新发展为动力”的总体方针，结合派出所勤务体制和警务模式改革调整的思路，进一步推进警力下沉和警务前移，引导民警深入走访、掌握社情、排查隐患、治乱护安，全面提升全所民警的群众工作能力与水平。

二、工作目标

通过开展常态化“十访十清”活动，使全体社区民警“警力下沉、警务前移”的理念更加牢固，“立足基层、强化基础”的职责定位更加明确，“防控优先、常态管控”的工作更加主动，“服务群众、警民和谐”的作风更加扎实。

三、工作重点

坚持“线条为主、层块结合”的原则，有计划、有步骤地开展“十访十清”活动：

（一）加强村级干部走访，搞清基层组织队伍现状

全面走访村级干部、村两委成员、村民小组长和全体党员，要求见面走访率达到100%。通过见面走访，了解不同时期新旧干部的思想状况，分析村级组织及干部队伍的结构特点，掌握村级干部的工作状态，征求对社会管理的意见建议，提交基层组织建设的走访报告。

（二）加强基层社区走访，搞清社情、村情总体状况

深入基层社区走访座谈，利用警民恳谈等多种形式，了解辖区各村的基本现状、常住人口与外来人口分布、社区经济发展特点、新农村建设规划、社区重点建设项目以及近几年来尚未化解的信访问题、尚未办结的伤害案件、尚未处理的矛盾纠纷、尚未显露的矛盾隐患等，完成上报经分析研判的社情调查报告。

（三）加强重点对象走访，搞清各类疑难信访积案

深入辖区走访重点信访对象，了解掌握每个疑难信访案件的发案时间、诉求内容、处理过程、难点症结等，厘清每个信访积案的总体情况，掌握当前的情绪动态，通过对每个疑难信访案件与信访当事人的综合情况分析，寻找解决问题的突破口与途径，加强与有关方面的协作，致力破解疑难信访积案。

（四）加强重点问题走访，搞清各类未解决矛盾纠纷

深入开展社会面走访，了解掌握辖区近几年来尚未调解处理的各类矛盾纠纷，分析矛盾纠纷未能处理的症结，组织开展沟通说理工作，创造条件开展调处；对比较复杂的矛盾纠纷，寻求可以化解的途径与通道，按照矛盾纠纷调处联动机制开展“组合式”调处，严防矛盾纠纷转化为信访问题或其他社会问题，实现“小事不出村（社区）”。

（五）加强外来人群走访，搞清流动人口动态状况

按照流动人口管理的总体要求，深入辖区各类用工企业和单位、出租私房、流动人口集聚地，全面开展外来流动人口的排查走访，推动出租房旅馆式管理落地，确保登记率、注销率100%。做好出租房屋消防安全隐患排查整治，按照“谁出租，谁负责”的原则，签订好治安责任书，严格落实房屋出租人和承租人的相关法律责任。

（六）加强监管人员走访，搞清高危人群行踪动向

深入基层社区开展对涉恐关注人员、邪教人员、易肇事肇祸精神病人、个人极端暴力倾向人员、重点信访对象、吸毒人员、“三非”人员等重点人员以及民师、涉军、涉众经济案件等利益诉求群体的动态摸排，分类建好监管人员和高危人群基础台账，要求排查建档率分别达到100%，全部实现信息常态化管控。

（七）加强基础防控走访，搞清各类公共安全隐患

深入基层辖区排查枪爆物品、危险化学品、放射性物品、管制刀具、小型航空器和空飘物等重点物品的基本情况，分类建好基础台账，要求排查建档率分别达到100%，全部实现信息常态化管控；对枪弹、民爆、剧毒等危险物品落实视频监控、专人看管、备案登记等措施，从严查处危险物品从业单位（公安监管）违规案件，依法整顿不落实管制刀具实名购销登记情况；积极摸排涉及食药环等案件线索和窝点，及时消除各类公共安全隐患。

（八）加强旅娱场所走访，搞清特种行业动态经营状况

加强对旅馆、民宿（农家乐）、留宿浴场、网吧、娱乐场所等治安要素的动态监管，坚决执行旅馆业严管措施，推广人脸识别系统安装应用，加强前台工作人员培训，确保旅馆、农家乐、民宿、留宿浴场、网吧、娱乐场所等“四实率”、登记率、刷卡率均达100%，并切实掌握场所内涉“黄、赌、毒”情况。

（九）加强内保安防走访，搞清各类内部安全隐患

加强对辖区各类学校和企业的常规性走访，及时检查了解各类学校的消防安全、交通安全、校舍安全、食品安全等存在的隐患，了解掌握校园外部欺凌学生、校内违法违纪、学生激化性矛盾等存在的问题，组织开展“平安校园”创建。及时检查了解企业（单位）内部消防安全、生产安全、管理安全等各类安全隐患，排查掌握生产经营及管理中的各类矛盾纠纷，组织开展“平安单位”创建。

（十）加强民情常态走访，搞清基层民众“创安”需求

深入辖区群众开展走访活动，要求每月走访群众家庭不少于80户，对走访的群众家庭建立起“家庭基本情况、人员从业情况、经济收入情况、人员流动情况、矛盾纠纷情况、主要联系方式”等方面的基础信息化资料档案。结合走访活动创新人口管理方法，形成依靠力量、关注对象、重点人口台账，物建治安积极分子，引导创建“枫桥义警”平安公益组织。

四、工作措施

开展社区警务“十访十清”活动，是深化基层基础和加强社会防控的重要抓手，必须坚持有机结合，警务创新，统筹推进。

（一）服务信息警务，推进信息实战警务建设

通过开展社区警务常态化“十访十清”活动，结合信息警务的总体要求，全面收集更新各类基础信息，建立及时鲜活的信息资源，为开展有效的治安防控服务，推进信息实战警务建设。

（二）强化基础警务，推进警力下沉警务前移

通过开展社区警务常态化“十访十清”活动，进一步引导社区民警走进社区、走近群众、走入矛盾、走向防控，让社区民警明确基层基础工作“干什么、怎么干、怎样管”等问题，提升社区民警基层基础工作水平。

（三）深化微信警务，推进新型警方公共关系

通过开展常态化“十访十清”活动，结合“红细胞培育工程”和“提质亮牌工程”建设，引导社区民警有机整合社区群众资源，发展派出所微信公众号粉丝群和网络警务室微信好友，力争公众微信号粉丝达2万以上，网络警务室微信好友达社区实有人口的20%以上；根据警务管理需要建设一批群众警务群，组织社区民警开展“说百姓故事、谈民警体会”微信资料的收集和编撰，创新新型的警方公共关系。

（四）创新群众警务，推进基层“五议一创”活动

通过开展社区警务常态化“十访十清”活动，引导民警及时了解掌握社情民意，了解基层群众所盼所需，落实社区民警担任社区综治督导员制度，组织社区民警开展“五议一创”活动，组织和发动群众参与社会治理。

五、工作要求

开展社区警务“十访十清”活动是创新“枫桥式”社区警务的发展需要，为确保“十访十清”活动有序开展，提出以下几项要求：

（一）加强领导，有力推进

派出所成立由副局长兼所长杨叶锋任组长，教导员任副组长，其他副所长、警队组负责人任组员的领导小组，并实现“一名所领导联系一个警务站、一名所领导主抓一项重点工作”联系工作制度，强力推进各项工作。

（二）强化制度，有效推进

派出所建立健全所领导定期汇总分析、跟踪检查督察、重点问题指导解难制度；建立警队干部定期部署、定期督查、定期分析等工作制度；建立社区民警应用“十访十清”活动专用笔记制度，并录入警务工作平台工作日记，及时收集记载社区警务活动

中的典型事例，作为社区民警开展群众工作的积累性资料。

（三）注重结合，创新推进

坚持社区警务以“十访十清”活动为主要抓手，切实做好各项业务工作的有机结合，强化上下联动、站队联动、警员联动优势，推动基层基础工作的项目建设、管理应用、活动推进，并积极争取党委政府与基层组织的重视与支持，破解工作中的一些实际问题，形成合力推动的良好氛围。

附录四

相关法律、文件对“枫桥经验”法治化的规定

2018 年 12 月 28 日起施行的《中国共产党农村基层组织工作条例》第二十条中明确写道：

“推广新时代‘枫桥经验’，推进乡村法治建设，提升乡村德治水平，建设平安乡村”。

《中共浙江省委关于建设“法治浙江”的决定》

（2006 年 4 月）

……

32. ……总结、推广和创新“枫桥经验”，建立健全矛盾纠纷疏导化解机制、打防控一体化工作机制和基层管理服务机制，完善社会治安综合治理的方法和途径，积极推进综治网络建设，把综治工作覆盖到全社会。加强人民调解、行政调解和司法调解工作，及时化解各类人民内部矛盾。建立健全预防处置群体性事件的预测预警、排查化解、应急处置、责任追究、组织保障等机制，全面提升“防激化”能力和依法处置水平……

《中共浙江省委关于全面深化法治浙江建设的决定》

2014 年 12 月 5 日

……

2.

……

坚持创新发展“枫桥经验”，夯实法治建设的基层基础。把新时期“枫桥经验”作为法治浙江建设的重要载体，以法治精神丰富和发展“枫桥经验”，不断放大“枫桥经验”效应。加强基层社会治理创新，深化基层和部门、行业依法治理，推广村（居）务监督委员会制度、“网格化管理、组团式服务”、和谐劳动关系构建、民主恳谈等基层治理形式。健全“大调解”工作体系，构建基层多元化纠纷解决机制，把矛盾化解在基层、在当地。积极探索基层法治建设载体，深入开展民主法治村（社区）、诚信守法企业等创建活动，发挥群众在法治建设中的主体作用。

33. 深化平安创建活动。发挥法治对平安建设的引领和保障作用，创新发展“枫桥经验”，善于运用法治思维和法治方式破解平安建设中的难题，着力提升平安建设的法治化水平。深入推进社会治安综合治理，健全领导责任制，健全社会稳定“三色预警”和应急联动机制，努力使影响社会安定的问题得到有效防范化解管控，群众安全感和满意度进一步提升。深化“网格化管理、组团式服务”，建立集整治、管理、建设、服务于一体的综合治理长效机制。完善立体化社会治安防控体系，依法整治“黄赌毒”“盗抢骗”和“黑拐枪”等突出治安问题。依法严厉打击暴力恐怖活动、邪教违法犯罪活动，坚决维护国家安全。依法强化危害食品药品安全、影响安全生产、损害生态环境、破坏网络安全等重点问题治理。依法妥善处置涉及民族、宗教等因素的社会问题，促进民族关系、宗教关系和谐。

……

《中共绍兴市委办公室　绍兴市人民政府办公室关于坚持发展"枫桥经验"推进乡村治理现代化的通知》

……

五、着力改进治理手段，善于运用法治思维和法治方式推进乡村治理

1. 坚持依法治理。深入实施普法规划，积极开展法律法规学习宣传活动，广泛开展"民主法治村"创建活动，普遍推行乡村法律顾问制度，教育培养群众树立法治精神，努力形成"办事依法、遇事找法、解决问题用法、化解矛盾靠法"的法治环境，营造学法、懂法、守法的社会氛围。各级领导干部要带头依法办事和遵守法律，养成用法治思维和法治方式处理社会问题、协调社会关系、化解社会矛盾的意识与习惯，引导农村群众运用合法手段反映诉求、维护自身权益。

2. 树立民意导向。积极开展、回应"网络问政"，妥善解决网民反映的合情、合理、合法的实际问题。开展县、乡两级"书记大接访"活动，切实化解基层矛盾、解决基层问题；完善收集、报送、交办、处理、反馈群众意见和建议的处理程序和机制。改革完善信访工作制度，健全党政领导干部定期接访、约访、下访制度，完善和落实领导干部重大疑难信访案件包案制度。

3. 善用道德力量。强化道德在规范社会行为、调节利益关系、解决社会问题中的作用。深入开展社会主义核心价值观、当代浙江人共同价值观宣传教育活动，充分发挥乡贤的精神标杆和

道德楷模作用，大力弘扬“仁、义、礼、智、信”等传统美德，组织开展“最美人物”、优秀家风家训等评选活动。深入开展“文明礼仪进乡村”活动，引导群众养成文明习惯。大力弘扬家庭美德、职业道德和社会公德，努力营造诚信、友爱的社会环境，积极传播社会正能量，实现道德规范对群众行为的软约束。

……

《中共绍兴市委关于创新发展“枫桥经验”全面深化法治绍兴建设的意见》

(2015年1月5日)

……

创新发展“枫桥经验”，丰富其法治内涵，提高社会治理法治化水平。深入开展法治县（市、区）、民主法治村（社区）等创建活动。推广杭兰英新时期村级善治经验。将人民法庭、基层检察室、公安派出所、司法所纳入基层治理法治化体系。建立健全社会组织参与社会事务机制和制度化渠道，培育发展县、乡、村三级乡贤参事会，支持行业协会、商会类社会组织发挥行业自律和专业服务功能。推动市民公约、村规民约、行业规章、团体章程等社会规范建设。

……

中共绍兴市委办公室关于印发《2018年全面深化法治绍兴建设工作要点》的通知

……

八、深入推进基层依法治理。创新发展新时代“枫桥经验”，完善矛盾纠纷预警调处化解排查机制，积极推进全科网格建设，深入推进社会治安综合治理，健全落实领导责任制，着力提升平安建设的法治化水平（责任单位：市综治办）。加强乡镇（街道）法治建设工作机构和人员队伍建设，改善镇街法治机构的基础设施和装备条件，推进法治干部下村（社区）活动，落实“一村一警察”“一村一律师”制度，建立重心下移、力量下沉的法治工作机制（责任单位：市委政法委、市公安局、市司法局）。加强流动人员等重点人群的法治宣传、法律服务和依法管理（责任单位：市委政法委、市公安局、市司法局）。加强社会组织自身建设，充分发挥社会组织作用，引导社会组织依法参与社会治理（责任单位：市民政局、市司法局、市综治办、市财政局）。完善公民、法人和其他组织的基础性信息制度管理，健全对人以身份证为基础、对物以二维码和电子标识为基础的实名登记制度（责任单位：市经信委、市公安局、市建设局、市商务局、市交通运输局、市邮管局）。完善基层群众自治机制，健全自治、法治、德治相结合的乡村治理体系，全面深化民主法治村（社区）建设（责任单位：市司法局、市民政局、市委组织部、市综治办）。健全企事业单位民主管理制度，健全企事业单位集体协商制度（责任单位：市人力社保局、市总工会）。建立完善法规政策公平竞争审查机制和性别平等咨询评估机制（责任单位：市发改委、市妇联）。

……

中共绍兴市委办公室 绍兴市人民政府办公室印发《关于坚持发展“枫桥经验”创新基层社会治理的意见》和《绍兴市平安建设“四个一”领导责任制办法》的通知

关于坚持发展“枫桥经验”创新基层社会治理的意见

……

四、着力在依法妥善化解基层社会矛盾纠纷上下功夫、见成效

一要注重源头预防。坚持发展“枫桥经验”，加强对矛盾纠纷的源头排查化解力度，特别对群众反映突出的征地拆迁、环境保护、劳资关系等领域的问题和特殊利益群体等历史遗留问题，要加强调查研究，积极向党委、政府提出切实可行的对策建议，畅通群众利益协调、权益保障法律渠道，促进政策法规的完善，切实把群众合理合法的利益诉求解决好。深化完善社会稳定“三色预警”、重大决策社会稳定风险评估等工作机制，对容易引发不稳定问题的重大事项，实行事前评估、事中监测、事后评价全过程动态管理，把矛盾纠纷有效化解在萌芽状态。

二要注重依法调处。健全依法维权和化解矛盾纠纷机制，畅通沟通渠道、创新方式方法，强化法律法规在化解社会矛盾中的核心作用，充分发挥法治的引领、规范、保障和惩戒作用，实现维稳与维权相统一。深入开展法制宣传教育，在全社会树立自觉

守法、遇事找法、解决问题靠法的良好法治环境，引导群众通过法定程序和法律手段解决矛盾问题，维护合法权益。依法做好进京非访处置工作，严格区分群众合理诉求和违法行为，推动在法治轨道上解决矛盾和问题。

三要注重多元化解。重点抓好县、乡、村三级社会矛盾调解平台建设，进一步健全人民调解、行政调解、司法调解联动工作体系，加强资源力量整合，大力推进行业性、专业性调解力量和仲裁调解等第三方调解组织建设。加强乡镇（街道）综治办力量建设，充分发挥司法所、派出所、法庭等基层政法单位在矛盾化解中的主力军作用，统筹运用“和谐促进会”“老娘舅”“和事佬”等社会力量参与矛盾化解，提升基层就地化解矛盾的能力和水平。建立健全重大矛盾纠纷领导包案、挂牌督办和责任追究等制度，有效调处化解重大矛盾纠纷。

……

中共绍兴市委办公室　绍兴市人民政府办公室印发《关于打造“枫桥经验”升级版　建设“平安中国示范市”实施计划（2017~2018）》的通知

绍市委办发〔2017〕49号

……

坚持创新发展“枫桥经验”，必须牢固树立以“人民为中心”的理念，牢牢把握坚持与创新党建引领、坚持与创新群众路线、坚持与创新社会协同、坚持与创新社会法治保障的总要求，着力加强党的领导，构建共建共治体系、矛盾纠纷多元化解体系、基层公共服务体系、智慧治理体系和公民信用体系……

项目三：建立公民信用体系

目标任务：加快建立公民信用体系，将垃圾分类、污水治理、卫生整治、交通秩序、生产经营等内容纳入信用评价内容，探索建立信用积分激励惩戒制度。坚持用法治思维和法治方式推动基层治理，引导群众养成依法主张权利、解决纷争的习惯。

……

中共绍兴市委办公室　绍兴市人民政府办公室关于印发绍兴市贯彻落实《法治政府建设实施纲要（2015~2020）实施方案》的通知

绍市委办发〔2016〕74号

……

21. 创新发展“枫桥经验”，丰富其法治内涵，提高社会治理法治化水平。

（1）2015年前，已制发《关于坚持发展“枫桥经验”推进乡村治理现代化的通知》，2014~2015年度，55个乡镇（街道）被评为“枫桥式”乡镇（街道）。（市政法委）

（2）2017年，深化多元矛盾纠纷解决体系建设项目试点工作，推广诸暨市调解志愿者队伍建设试点经验。（市政法委）

（3）2018年，推广中立评估机制建设试点的经验。规范基层综合服务管理平台，总结基层社会治理成功经验，并上升为制度规范。（市政法委）

（4）2016~2020年，深化“枫桥式”乡镇（街道）创建活动，依法防范化解各类矛盾纠纷、社会风险，有效遏制恶性刑事案件和重大群体性事件。（市政法委）

……

《中共中央关于全面推进依法治国若干重大问题的决定》

……

七、加强和改进党对全面推进依法治国的领导

（四）推进基层治理法治化。全面推进依法治国，基础在基层，工作重点在基层。发挥基层党组织在全面推进依法治国中的战斗堡垒作用，增强基层干部法治观念、法治为民的意识，提高依法办事能力。加强基层法治机构建设，强化基层法治队伍，建立重心下移、力量下沉的法治工作机制，改善基层基础设施和装备条件，推进法治干部下基层活动。

……

参考文献

一、外文参考文献

（一）原著

1. Lubman，B. Stanley，1967，Mao and Mediation：Politics and Dispute Resolution in Communist China，California Law Review，Vol. 55，No，5，1967.

2. Nicholas Herbert-Young，Law，Police and Development in the Rural University of Wales Press. Cardiff，1999.

3. Francis G. Snyder，Law of the Common Agricultural Policy，London Sweet&Maxwell，1985.

4. Bernhard Grossfeld，The Strength and Weakness of Comparative Law，Clarendon Press，1990.

5. P. S. Cohen：The Modern Social Theory，London. 1968.

6. Friedrich Carl Von Savigny，The vocation of our Age for Legislation and Jurisprudence，Little wood &Co. Old Bailey，1831.

7. H. Kelsen，Essays in Legal and Moral Philosophy（ed. by Weinberger）.

8. L. L. Fuller，The Morality of Law（revised edition），Yale University Press，1969.

9. Encyclopedia Britannica（15th edition），1997，Vol.

10. Rouse J. Knowledge and Power, Toward A Political Philosophy of Science. Ithnca and London: Cornell University Press, 1987.

(二) 译著

1. [美] 博登海默著:《法理学:法律哲学与法律方法》,邓正来译,中国政法大学出版社 1999 年版。

2. [法] 孟德斯鸠著:《论法的精神(上下册)》,张雁深译,商务印书馆 1959 年版。

3. [美] P. 诺内特、P. 塞尔兹尼克著:《转变中的法律与社会:迈向回应型法(总序)》,张志铭译,中国政法大学出版社 2004 年版。

4. [德] 何意志著:《法治的东方经验——中国法律文化导论》,李中华译,北京大学出版社 2010 年版。

5. [日] 滋贺秀三著:《中国家族法原理》,张建国、李力译,法律出版社 2003 年版。

6. 伯尔曼著:《法律与宗教》,梁治平译,中国政法大学出版社 2003 年版。

7. [德] 马克斯·韦伯著:《法律社会学》,康乐、简惠美译,广西师范大学出版社 2011 年版。

8. 柏拉图著:《理想国》,郭斌和、张竹明译,商务印书馆 1986 年版。

9. [英] 迈克尔·努尼著:《法律调解之道》,杨利华、于丽英译,法律出版社 2006 年版。

10. [美] 詹姆斯·E. 麦圭尔著:《和为贵:美国调解与替代诉讼纠纷解决方案》,陈子豪、吴瑞卿译,法律出版社 2011 年版。

11. [日] 高见泽磨著:《现代中国的纠纷与法》,何勤华、李秀清、曲阳译,法律出版社 2003 年版。

12. ［日］草野芳郎著：《调解技术论》，韩宁、姜雪莲译，中国法制出版社 2016 年版。

13. ［奥］欧根·埃利希著：《法社会学原理》，舒国滢译，中国大百科全书出版社 2009 年版。

14. ［美］克利福德·吉尔兹著：《地方性知识：事实与法律的比较透视》，邓正来译，载梁治平主编：《法律的文化解释》(增订本)，三联书店 1998 年版。

15. ［美］克利福德·吉尔兹著：《地方性知识：阐释人类学论文集》，王海龙、张家瑄译，中央编译出版社 2000 年版。

16. ［美］黄宗智著：《民事审判与民间调解：清代的表达与实践》，中国社会科学出版社 1998 年版。

17. ［日］棚濑孝雄著：《纠纷的解决与审判制度》，王亚新译，中国政法大学出版社 2014 年版。

二、中文参考文献

(一) 专著

1. 中国法学会“枫桥经验”理论总结和经验提升课题组著：《“枫桥经验”的理论构建》，法律出版社 2018 年版。

2. 许根贤著：《枫江红叶（枫桥经验产生和发展纪实）》，群众出版社 2004 年版。

3. 汪世荣主编：《“枫桥经验”：基层社会治理的实践》，法律出版社 2018 年版。

4. 赵义著：《枫桥经验：中国农村治理样板》，浙江人民出版社 2008 年版。

5. 范忠信主编：《“枫桥经验”与法治型新农村建设》，中国法制出版社 2013 年版。

6. 汪世荣、朱继萍著：《人民调解的“枫桥经验”》，法律出版社2018年版。

7. 汪世荣、褚宸舸著：《“枫桥经验”：基层社会治理体系和能力现代化实证研究》，法律出版社2018年版。

8. 中共绍兴市委党校、绍兴市“枫桥经验”研究会编：《“枫桥经验”与新城镇社会管理创新研究》，中国社会科学出版社2013年版。

9. 中共绍兴市委党校、“枫桥经验”研究中心编著：《新时代“枫桥经验”与基层治理现代化》，浙江人民出版社2018年版。

10. 中国社会科学院国家法治指数研究中心、中国社会科学院法学研究所法治指数创新工程项目组编：《社会治理：新时代“枫桥经验”的线上实践》，中国社会科学出版社2019年版。

11. 朱志华、周长康主编：《“枫桥经验”的时代之音》，浙江工商大学出版社2019年版。

12. 沈小平主编：《新时代“枫桥经验”研究》，上海大学出版社2019年版。

13. 蔡娟主编：《枫桥经验之人民调解案例故事》，浙江工商大学出版社2018年版。

14. 四川省成都市中级人民法院编著：《诉源治理——新时代“枫桥经验”的成都实践》，人民法院出版社2019年版。

15. 衣向东著：《桥——“枫桥经验”55周年风雨历程》，群众出版社2018年版。

16. 全国公安文联、诸暨市公安局编：《枫桥经验故事集》，群众出版社2019年版。

17. 全国公安文联、诸暨市公安局编：《枫桥经验诗歌集》，群众出版社2019年版。

18. 蔡娟、刘俊江编著：《枫桥经验调出和谐》，浙江工商大学出版社 2019 年版。

19. 王国灿、金洁霞编著：《枫桥经验：走向世界和谐的中国法宝》，浙江工商大学出版社 2018 年版。

20. 周长康、张锦敏主编：《枫桥经验的科学发展》，西泠印社 2004 年版。

21. 贾宇主编：《新时代“枫桥经验”检察实践案例精选》，浙江人民出版社 2018 年版。

22. 袁亚平著：《枫桥和静》，浙江教育出版社 2018 年版。

23. 朱志华、周长康等著：《枫桥经验发展论：兼论中国特色整体预防犯罪模式的构建》，浙江人民出版社 2011 年版。

24. 贺雪峰著：《新乡土中国》，北京大学出版社 2013 年版。

25. 张铭、王迅著：《基层治理模式转型——杨村个案研究》，社会科学文献出版社 2008 年版。

26. 唐奕主编：《基层治理之路：来自基层实践者的中国梦》，中央编译出版社 2016 年版。

27. 魏礼群主编：《社会治理 40 年回顾与展望》，中国言实出版社 2018 年版。

28. 应星著：《中国社会治理》，中国人民大学出版社 2018 年版。

29. 周红云主编：《社会治理与社会创新》，中央编译出版社 2015 年版。

30. 国务院发展研究中心公管所著：《社会治理的理论与实践探索》，中国发展出版社 2018 年版。

31. 桂华等著：《社会组织参与农村基层治理研究》，华中科技大学出版社 2019 年版。

32. 俞可平著：《走向善治：国家治理现代化的中国方案》，

中国文史出版社 2016 年版。

33. 郑杭生著：《本土特质与世界眼光》，北京大学出版社 2006 年版。

34. 鲁可荣著：《农村社会组织建设与农村基层社会治理创新——基于浙江实践的研究》，山东人民出版社 2015 年版。

35. 储殷著：《转型社会的法律治理——基层法院的结构与运作》，吉林大学出版社 2016 年版。

36. 李静著：《农村社会法治问题初探》，中国农业科学技术出版社 2010 年版。

37. 佟丽华主编：《中国农村法治热点问题研究》，法律出版社 2010 年版。

38. 郑永流著：《当代中国农村法律发展道路探索》，中国政法大学出版社 2004 年版。

39. 罗兴佐等著：《纠纷解决与基层治理》，上海三联书店 2015 年版。

40. 刘云升、任广浩著：《农民权利及其法律保障问题研究》，中国社会科学出版社 2004 年版。

41. 李育全著：《农村社会法治论》，云南大学出版社 2009 年版。

42. 徐胜萍著：《人民调解制度研究》，北京师范大学出版社 2016 年版。

43. 常怡主编：《中国调解制度》，法律出版社 2013 年版。

44. 宋明著：《人民调解纠纷解决机制的法社会学研究》，中国政法大学出版社 2013 年版。

45. 董磊明著：《宋村的调解：巨变时代的权威与秩序》，法律出版社 2008 年版。

46. 彭芙蓉、冯学智著：《反思与重构：人民调解制度研究》，中国政法大学出版社 2013 年版。

47. 张勤著：《当代中国基层调解研究——以潮汕地区为例》，中国政法大学出版社 2012 年版。

48. 陆春萍著：《转型期人民调解机制社会化运作》，中国社会科学出版社 2010 年版。

49. 张红侠著：《人民调解变迁研究——以权威类型转变为视角》，中国社会科学出版社 2016 年版。

50. 徐昕主编：《调解的中国经验》，厦门大学出版社 2010 年版。

51. 高满良著：《农村治理中正式制度与非正式制度的整合方式研究》，中国社会科学出版社 2016 年版。

52. 丁国民著：《法治“三农”》，知识产权出版社 2007 年版。

53. 薛刚凌主编：《农村法治建设研究》，中国方正出版社 2009 年版。

54. 傅郁林主编：《农村基层法律服务研究》，中国政法大学出版社 2006 年版。

55. 吴锦良著：《基层社会治理》，中国人民大学出版社 2014 年版。

56. 严励著：《秩序的中国解读：转型期中国社会矛盾之研究》，上海社会科学院出版社 2007 年版。

57. 全国干部培训教材编审指导委员组织编写：《全面加强党的领导和党的建设》，党建读物出版社 2019 年版。

58. 吴海江著：《以人民为中心的发展思想研究》，人民出版社 2019 年版。

59. 马以、谢小云编写：《平安中国的浙江实践》，浙江人民出版社 2017 年版。

60. 许林章主编：《枫桥经验实录》，中共党史出版社 2000 年版。

61. 金星、许斐主编：《社会管理范本：“枫桥经验”的发展历程》，浙江人民出版社 2013 年版。

62. 强世功编：《调解、法制与现代性：中国调解制度研究》，中国法制出版社 2005 年版。

63. 毛泽东：《毛泽东选集：第二卷》，人民出版社 1991 年版。

64. 毛泽东：《毛泽东选集：第三卷》，人民出版社 1991 年版。

65. 毛泽东：《毛泽东选集：第四卷》，人民出版社 1991 年版。

66. 毛泽东：《毛泽东选集：第五卷》，人民出版社 1977 年版。

67. 《马克思恩格斯全集（第 3 卷）》，人民出版社 1960 年版。

68. 张文显：《二十世纪西方法哲学思潮研究》，法律出版社 2006 年版。

69. 田成有著：《乡土社会中的民间法》，法律出版社 2005 年版。

70. 梁治平著：《清代习惯法：社会与国家》，中国政法大学出版社 1996 年版。

71. 李昌麒著：《中国农村法治发展研究》，人民出版社 2006 年版。

72. 苏力著：《法治及其本土资源》，中国政法大学出版社 1996 年版。

73. 张文显著：《法哲学范畴研究》，中国政法大学出版社 2001 年版。

74. 张又显主编：《马克思主义法理学》，高等教育出版社 2003 年版。

75. 《邓小平文选》（第三卷），人民出版社 1993 年版。

76. 《江泽民文选》（第一卷），人民出版社 2006 年版。

77. 习近平：《关于〈中共中央关于全面推进依法治国若干重大问题的决定〉的说明》（2014 年 10 月 20 日），载《中国共产党第十八届中央委员会第四次全体会议文件汇编》，人民出版社 2014 年版。

78. 中共中央文献研究室编：《习近平关于全面依法治国论述摘编》，中央文献出版社 2015 年版。

79. 陈信勇、孙云等著：《社会矛盾多元化解决机制理论与实践》，知识产权出版社 2009 年版。

80. 宫志刚著：《社会转型与秩序重建》，中国人民公安大学出版社 2004 年版。

（二）期刊论文

1. 习近平：《创新“枫桥经验”维护社会稳定》，载《法制日报》2004 年 2 月 8 日第 1 版。

2. 习近平：《创新“枫桥经验”建设“平安浙江”——在全国社会治安综合治理工作会议上的讲话（节选）》，载《今日浙江》2004 年第 12 期。

3. 张文显：《新时代“枫桥经验”的理论命题》，载《法制与社会发展》2018 年第 6 期。

4. 金伯中：《坚持发展新时代“枫桥经验”》，载《浙江日报》2018 年 11 月 13 日第 5 版。

5. 汪世荣：《“枫桥经验”视野下的基层社会治理制度供给研究》，载《中国法学》2018 年第 6 期。

6. 王庆锋：《都市枫桥经验：南京“民意 110”执法服务流程监控机制创新》，载《中国行政管理》2019 年第 11 期。

7. 马德坤：《习近平关于社会治理的理论创新与实践探索》，载《中国高校社会科学》2017 年第 3 期。

8. 梁波：《推进社会治理创新的遵循——学习习近平总书记

关于社会建设的重要论述》，载《科学社会主义》2015 年第 4 期。

9. 吴威威：《习近平社会治理思想的创新性思维逻辑》，载《哈尔滨工业大学学报（社会科学版）》2019 年第 5 期。

10. 王比学：《把“枫桥经验”坚持好、发展好　把党的群众路线坚持好、贯彻好》，载《人民日报》2013 年 10 月 12 日第 1 版。

11. 杨明伟：《“枫桥经验”的历史来源和现实启示——毛泽东、习近平关注的一个重大问题》，载《毛泽东邓小平理论研究》2018 年第 9 期。

12. 吕德文：《枫桥经验：基于群众工作方法的检视》，载《科学社会主义》2019 年第 1 期。

13. 谌洪果：《“枫桥经验”与中国特色的法治生成模式》，载《法律科学（西北政法大学学报）》2009 年第 1 期。

14. 金伯中：《论“枫桥经验”的时代特征和人本思想》，载《公安学刊》2004 年第 5 期。

15. 吴锦良：《“枫桥经验”演进与基层治理创新》，载《浙江社会科学》2010 年第 7 期。

16. 韩永红：《本土资源与民间法的生成——基于“枫桥经验”的实证分析》，载《中共浙江省委党校学报》2008 年第 4 期。

17. 许韬：《论“枫桥经验”的创新发展与“法治浙江"建设》，载《公安学刊》2009 年第 1 期。

18. 王银胜：《推进调解法治化“枫桥经验”谱新篇——诸暨法院发展创新“枫桥经验”的探索与实践》，载《人民法院报》2004 年 6 月 11 日。

19. 郭星华、任建通：《基层纠纷社会治理的探索——从

“枫桥经验”引发的思考》，载《山东社会科学》2005 年第 1 期。

20. 胡铭：《论刑事和解的理念基础——浙江“枫桥经验”与美国 VOR 模式之比较》，载《浙江社会科学》2010 年第 9 期。

21. 彭新华：《“枫桥经验”语境下的“检调对接”工作机制之探索》，载《中国刑事法杂志》2010 年第 10 期。

22. 俞红霞：《“枫桥经验”的形成和发展历程》，载《中共党史资料》2006 年第 2 期。

23. 吕剑光：《“枫桥经验”的前前后后》，载《人民公安》1997 年第 19 期。

24. 冯静：《枫桥经验：创新社会管理》，载《党建》2011 年第 3 期。

25. 范愉：《以多元化纠纷解决机制保证社会的可持续发展》，载《法律适用》2005 年第 2 期。

26. 徐镇强、何彩英：《“枫桥经验”研究述评》，载《中国人民公安大学学报（社会科学版）》2013 年第 4 期。

27. 季卫东著，易平译：《调解制度的法律发展机制——从中国法制化的矛盾入手》，载《比较法研究》1999 年第 3、4 期。

28. 范愉：《调解的重构（上）（下）——以法院调解的改革为重点》，载《法制与社会发展》2004 年第 2、3 期。

29. 徐昕：《迈向社会自治的人民调解》，载《学习与探索》2012 年第 1 期。

30. 周永坤：《论强制性调解对法治和公平的冲击》，载《法律科学（西北政法学院学报）》2007 年第 3 期。

31. 周玉：《论〈关于正确处理人民内部矛盾的问题〉对构建和谐社会的启示》，《西南民族大学学报（人文社会科学）》，2006 年第 1 期。

32. 吴锦良：《“枫桥经验”演进与基层治理创新》，载《浙江社会科学》2010 年第 7 期。

33. 史济锡：《创新“枫桥经验”推进法治建设构建和谐社会》，载《政策瞭望》2006 年第 9 期。

34. 倪晓林：《毛泽东正确处理人民内部矛盾思想对构建和谐社会的启示》，载《科学社会主义》2007 年第 3 期。

35. 荣开明：《〈关于正确处理人民内部矛盾的问题〉的重大理论贡献和时代局限》，载《华中科技大学学报（社会科学版）》2007 年第 5 期。

36. 金伯中：《“枫桥经验”新发展的理性思考》，载《公安学刊》1999 年第 6 期。

37. 张荣华：《文化史研究中的大、小传统关系论》，载《复旦学报（社会科学版）》2007 年第 1 期。

38. 吕剑光：《“枫桥经验”的前前后后》，载《人民公安》1997 年第 19 期。

39. 赵爱庆、孙建军、赵佳维：《超越乡村精英治理模式的政治抉择》，载《中共浙江省委党校学报》2008 年第 1 期。

40. 赵明达：《从“枫桥经验”走向“枫桥理论”》，载《浙江青年专修学院学报》2006 年第 4 期。

41. 周长康、杨燮蛟：《枫桥学派的形成与发展》，载《青少年犯罪问题》2010 年第 2 期。

42. 蒋安杰、张学锋：《地方性知识能否成为普适性规则——各方评说“枫桥经验”对中国法治建设的价值》，载《法制日报》2007 年 11 月 25 日第 16 版。

43. 盛晓明：《地方性知识的构造》，载《哲学研究》2000 年第 12 期。

44. 吴彤：《两种“地方性知识”——兼评吉尔兹和劳斯的观点》，载《自然辩证法研究》2007 年第 11 期。

45. 张澜、鄢玉枝：《从地方性知识角度看西方独特价值的普遍性叙事》，载《江西社会科学》2006 年第 6 期。

46. 侯兆晓：《历史与文化——枫桥经验溯源》，载《民主与法制》2009 年第 1 期。

47. 朱俊瑞、赵宬斐：《浙江基层民主的本土化累积及创造性转换——以吉尔兹“地方性知识”理论为视角》，载《浙江学刊》2012 年第 5 期。

48. 张斌、潘晶：《论法律与地方性知识——兼论中国法治现代化的发展模式》，载《当代法学》2003 年第 10 期。

49. 刘青山：《格尔茨的“地方性知识”对中国法治建设的启示》，载《中国石油大学胜利学院学报》2012 年第 2 期。

50. 胡锦涛：《在庆祝中国共产党成立 90 周年大会上的讲话》，载《人民日报》2011 年 7 月 2 日。

51. 吴延溢：《大调解：社会纠纷解决路径的制度创新》，载《南通大学学报》2011 年第 6 期。

52. 章武生：《论我国大调解机制的构建——兼析大调解与 ADR 的关系》，载《法商研究》2007 年第 6 期。

53. 详见应松年：《社会管理创新引论》，载《法学论坛》2010 年第 6 期。

54. 中央综治委、最高人民法院、司法部等 16 部门联合印发：《关于深入推进矛盾纠纷大调解工作的指导意见》，载《长安》2011 年第 6 期。

55. 中共江苏省委研究室：《东方经验：人民内部矛盾的“大调解”》，载《求是》2010 年第 15 期。

56. 《王乐泉在河北调研时强调夯实政法综治基层基础大力推进社会管理创新》，载《长安》2011 年第 4 期。

57. 详见汪习根：《化解社会矛盾的法律机制创新》，载《法学评论》2011 年第 2 期。陈旗：《论法院调解制度的创新——基于价值与功能的法理思辨》，载《法学评论》2007 年第 5 期。

58. 李喜莲：《法院调解优先的冷思考》，载《法律科学（西北政法大学学报）》2010 年第 2 期。

59. 洪冬英：《论调解的功能》，载《华东政法大学学报》2007 年第 6 期。

60. 郑智航：《调解兴衰与当代中国法院政治功能的变迁——以〈最高人民法院工作报告〉（1981-2010 年）为对象》，载《法学论坛》2012 年第 4 期。

61. 习近平：《加快建设社会主义法治国家》（2014 年 10 月 23 日），载《求是》2015 年第 1 期。

62. 习近平：《在省部级主要领导干部学习贯彻党的十八届四中全会精神全面推进依法治国专题研讨班上的讲话》，载《人民日报》2015 年 2 月 3 日。

63. 陈朋：《服务导向的基层党建新模式——江苏海安县“群众事务党员干部代理制度”的探索与实践》，载《理论与改革》2013 年第 1 期。

64. 祝德：《正确化解基层矛盾　构建农村和谐社会》，载《前沿》2006 年第 6 期。

65. 褚宸舸：《基层社会治理的标准化研究——以“枫桥经验”为例》，载《法学杂志》2019 年第 1 期。

66. 张力、李倩：《全面依法治国背景下预防法学对“枫桥经验”的创新性实践》，载《新疆社会科学》2019 年第 2 期。

67. 李林：《推进新时代“枫桥经验”的法治化》，载《法学杂志》2019 年第 1 期。

68. 张文显：《习近平社会治理思想引领“枫桥经验”创新发展》，载《国家检察官学院学报》2019 年第 3 期。

69. 朱孝清：《检察机关学习践行"枫桥经验"的几个问题》，载《国家检察官学院学报》2019 年第 3 期。

70. 贾宇：《新时代"枫桥经验"的浙江检察实践与思考》，载《国家检察官学院学报》2019 年第 3 期。

71. 汪世荣：《人民法院参与基层社会治理的"枫桥经验"研究》，载《国家检察官学院学报》2019 年第 3 期。

72. 刘柳：《新时代枫桥经验视野下的治理法治化——从新型习惯的角度切入》，载《东南学术》2019 年第 4 期。

73. 王者洁、刘心蕊：《"枫桥经验"的法治实践与基层矛盾化解机制》，载《天津法学》2019 年第 2 期。

74. 曹诗权：《坚持和发展"枫桥经验"的时代站位》，载《国家检察官学院学报》2019 年第 3 期。

75. 余钊飞：《新时代"枫桥经验"与中国特色社会主义法治道路》，载《国家检察官学院学报》2019 年第 3 期。

76. 于浩：《推陈出新："枫桥经验"之于中国基层司法治理的意义》，载《法学评论》2019 年第 4 期。

77. 廖万春：《新"枫桥经验"语境下基层司法参与基层社会治理的因由及路径》，载《社会科学家》2019 年第 3 期。

78. 李霞：《新时代"枫桥经验"的新实践：充分发挥法治在基层社会治理中的作用》，载《法学杂志》2019 年第 1 期。

79. 李祐喜、章建荣、魏佳钦：《"枫桥经验"的法治意蕴与司法实践》，载《绍兴文理学院学报》2013 年第 6 期。

80. 徐汉明邵登辉：《新时代枫桥经验的历史地位与时代价值》，载《法治研究》2019 年第 3 期。

（三）学位论文

1. 孟钧：《农村基层社会矛盾的调解模式及创新研究——以"枫桥经验"的演进为考察个案》，华东政法大学 2011 年硕士学位论文。

2. 张祖明：《论浙江枫桥民间调解及其启示》，浙江工业大学2013年硕士学位论文。

3. 孙浙丽：《诸暨市土地纠纷化解中的“枫桥经验”及对社会治理创新的影响》，南京农业大学2015年硕士学位论文。

4. 雷奥：《网格化治理的“枫桥经验”及法治完善》，杭州师范大学2019年硕士学位论文。

（四）工具书

中国社会科学院语言研究所词典编辑室编：《现代汉语词典》，商务印书馆2005年版。

图书在版编目（CIP）数据

“枫桥经验”与基层社会治理法治化 / 尹华广著 . —北京：中国人民公安大学出版社，2020. 9

ISBN 978-7-5653-3983-7

Ⅰ.①枫…　Ⅱ.①尹…　Ⅲ.①社会管理—法治—研究—中国
Ⅳ.①D922.104

中国版本图书馆 CIP 数据核字（2020）第 121005 号

“枫桥经验”与基层社会治理法治化

尹华广　著

出版发行：中国人民公安大学出版社
地　　址：北京市西城区木樨地南里
邮政编码：100038
经　　销：新华书店
印　　刷：北京市科星印刷有限责任公司

版　　次：2020 年 9 月第 1 版
印　　次：2024 年 1 月第 5 次
印　　张：8. 75
开　　本：880 毫米×1230 毫米　1/32
字　　数：210 千字

书　　号：ISBN 978-7-5653-3983-7
定　　价：35. 00 元

网　　址：www. cppsup. com. cn　www. porclub. com. cn
电子邮箱：zbs@ cppsup. com　zbs@ cppsu. edu. cn

营销中心电话：010-83903254
读者服务部电话（门市）：010-83903257
警官读者俱乐部电话（网购、邮购）：010-83903253
法律图书分社电话：010-83905745